강원랜드

실력평가 모의고사 3회분

강원랜드

실력평가 모의고사 3회분

초판 인쇄	2025년 7월 11일
초판 발행	2025년 7월 14일

편 저 자 | 취업적성연구소

발 행 처 | ㈜서원각

등록번호 | 1999-1A-107호

주　　소 | 경기도 고양시 일산서구 덕산로 88-45(가좌동)

교재주문 | 031-923-2051

팩　　스 | 031-923-3815

교재문의 | 카카오톡 플러스 친구[서원각]

홈페이지 | goseowon.com

최근 많은 공사·공단에서는 기존의 직무 관련성에 대한 고려 없이 인·적성, 지식 중심으로 치러지던 필기전형을 탈피하고, 산업현장에서 직무를 수행하기 위해 요구되는 능력을 산업부문별·수준별로 체계화 및 표준화한 NCS를 기반으로 하여 채용공고 단계에서 제시되는 '직무 설명자료'상의 직업기초능력과 직무수행능력을 측정하기 위한 직업기초능력평가, 직무수행능력평가 등을 도입하고 있다.

강원랜드에서도 업무에 필요한 역량 및 책임감과 적응력 등을 구비한 인재를 선발하기 위하여 고유의 직업기초능력평가와 직무수행능력평가를 치르고 있다. 본서는 강원랜드 채용대비를 위한 모의고사로 강원랜드 직업기초능력평가와 직무수행능력평가를 실제 시험 유형에 맞게 모의고사를 구성하여 시험유형을 파악할 수 있도록 구성하였다.

합격을 향해 고군분투하는 수험생들에게 힘이 되는 교재가 되기를 바라며, 좋은 결과가 있기를 서원각이 응원합니다.

기출유형 문제로 구성된 모의고사로 학습하세요.

한 회차의 정답을 한눈에 확인하세요!

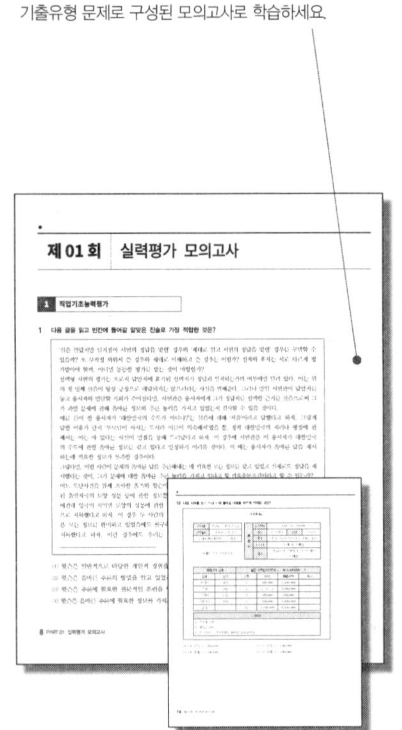

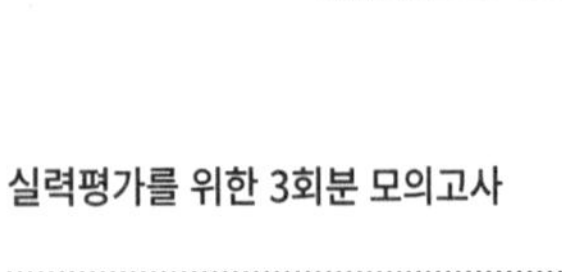

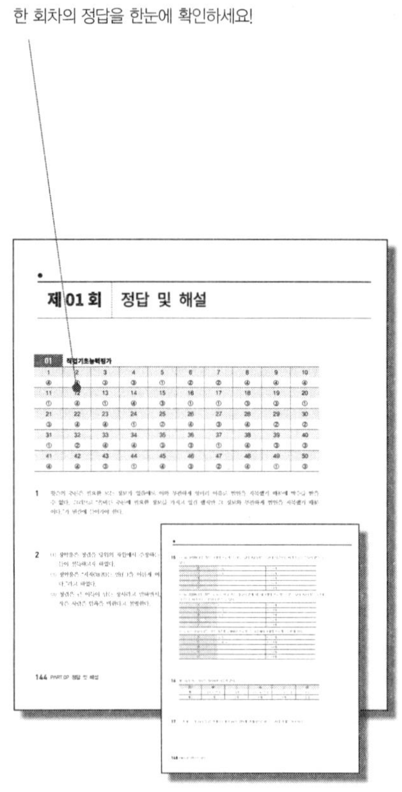

실력평가를 위한 3회분 모의고사

출제유형에 따라 구성한 3회분 모의고사입니다. 시간과 배점을 고려하여 실전처럼 풀어보세요!

정답 및 해설

문항별 상세한 해설로 오답과 정답에 따른 근거를 확인해보세요!

PART 01 실력평가 모의고사

제01회 실력평가 모의고사 008

제02회 실력평가 모의고사 052

제03회 실력평가 모의고사 098

PART 02 정답 및 해설

제01회 정답 및 해설 144

제02회 정답 및 해설 164

제03회 정답 및 해설 186

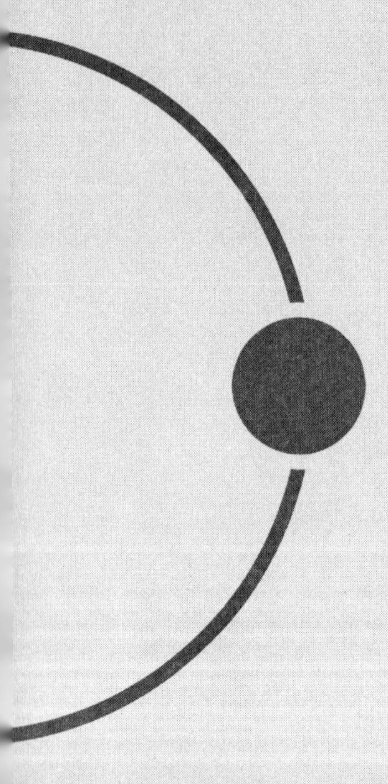

제01회 실력평가 모의고사
제02회 실력평가 모의고사
제03회 실력평가 모의고사

실력평가 모의고사

1 직업기초능력평가

1 다음 글을 읽고 빈칸에 들어갈 알맞은 진술로 가장 적합한 것은?

'실은 몰랐지만 넘겨짚어 시험의 정답을 맞힌' 경우와 '제대로 알고 시험의 정답을 맞힌' 경우를 구별할 수 있을까? 또 무작정 외워서 쓴 경우와 제대로 이해하고 쓴 경우는 어떤가? 전자와 후자는 서로 다르게 평가받아야 할까, 아니면 동등한 평가를 받는 것이 마땅한가?

선택형 시험의 평가는 오로지 답안지에 표기된 선택지가 정답과 일치하는가의 여부에만 달려 있다. 이는 위의 첫 번째 물음이 항상 긍정으로 대답되지는 않으리라는 사실을 말해준다. 그러나 만일 시험관이 답안지를 놓고 응시자와 면담할 기회가 주어진다면, 시험관은 응시자에게 그가 정답지를 선택한 근거를 물음으로써 그가 과연 문제에 관해 올바른 정보와 추론 능력을 가지고 있었는지 검사할 수 있을 것이다.

예를 들어 한 응시자가 '대한민국의 수도가 어디냐?'는 물음에 대해 '서울'이라고 답했다고 하자. 그렇게 답한 이유가 단지 '부모님이 사시는 도시라 이름이 익숙해서'였을 뿐, 정작 대한민국의 지리나 행정에 관해서는 아는 바 없다는 사실이 면접을 통해 드러났다고 하자. 이 경우에 시험관은 이 응시자가 대한민국의 수도에 관한 올바른 정보를 갖고 있다고 인정하기 어려울 것이다. 이 예는 응시자가 올바른 답을 제시하는데 필요한 정보가 부족한 경우이다.

그렇다면, 어떤 사람이 문제의 올바른 답을 추론해내는 데 필요한 모든 정보를 갖고 있었고 실제로도 정답을 제시했다는 것이, 그가 문제에 대한 올바른 추론 능력을 가지고 있다고 할 필요충분조건이라고 할 수 있는가? 어느 도난사건을 함께 조사한 홈즈와 왓슨이 사건의 모든 구체적인 세부사항, 예컨대 범행 현장에서 발견된 흙발자국의 토양 성분 등에 관한 정보뿐 아니라 올바른 결론을 내리는 데 필요한 모든 일반적 정보, 예컨대 영국의 지역별 토양의 성분에 관한 정보 등을 똑같이 갖고 있었고, 실제로 동일한 용의자를 범인으로 지목했다고 하자. 이 경우 두 사람의 추론을 동등하게 평가해야 하는가? 그렇지 않다. 예컨대 왓슨은 모든 정보를 완비하고 있었음에도 불구하고, 이름에 모음의 수가 가장 적다는 엉터리 이유로 범인을 지목했다고 하자. 이런 경우에도 우리는 왓슨의 추론에 박수를 보낼 수 있을까? 아니다. 왜냐하면

① 왓슨은 일반적으로 타당한 개인적 경험을 토대로 추론했기 때문이다.

② 왓슨은 올바른 추론의 방법을 알고 있었음에도 불구하고 요행을 우선시했기 때문이다.

③ 왓슨은 추론에 필요한 전문적인 훈련을 받지 못해서 범인을 잘못 골랐기 때문이다.

④ 왓슨은 올바른 추론에 필요한 정보를 가지고 있긴 했지만 그 정보와 무관하게 범인을 지목했기 때문이다.

2 다음 글의 내용과 부합하는 것은?

'청렴(淸廉)'은 현대 사회에서 좁게는 반부패와 동의어로 사용되며 넓게는 투명성과 책임성 등을 포괄하는 통합적 개념으로 사용되고 있다. 유학자들은 청렴을 효제와 같은 인륜의 덕목보다는 하위에 두었지만 군자라면 마땅히 지켜야 할 일상의 덕목으로 중시하였다. 조선의 대표적 유학자였던 이황과 이이는 청렴을 사회 규율이자 개인 처세의 지침으로 강조하였다. 특히 공적 업무에 종사하는 사람이라면 사회 규율로서의 청렴이 개인의 처세와 직결된다는 점에 유념해야 한다고 보았다.

청렴에 대한 논의는 정약용의 「목민심서」에서 본격적으로 나타난다. 정약용은 청렴이야말로 목민관이 지켜야 할 근본적인 덕목이며 목민관의 직무는 청렴이 없이는 불가능하다고 강조하였다. 정약용은 청렴을 당위의 차원에서 주장하는 기존의 학자들과 달리 행위자 자신에게 실질적 이익이 된다는 점을 들어 설득하고자 한다. 그는 청렴은 큰 이득이 남는 장사라고 말하면서, 지혜롭고 욕심이 큰 사람은 청렴을 택하지만 지혜가 짧고 욕심이 작은 사람은 탐욕을 택한다고 설명한다. 정약용은 "지자(知者)는 인(仁)을 이롭게 여긴다."라는 공자의 말을 빌려 "지혜로운 자는 청렴함을 이롭게 여긴다."라고 하였다. 비록 재물을 얻는 데 뜻이 있더라도 청렴함을 택하는 것이 결과적으로는 지혜로운 선택이라고 정약용은 말한다. 목민관의 작은 탐욕은 단기적으로 보면 눈앞의 재물을 취하여 이익을 얻을 수 있겠지만 궁극에는 개인의 몰락과 가문의 불명예를 가져올 수 있기 때문이다.

정약용은 청렴을 지키는 것은 두 가지 효과가 있다고 보았다. 첫째, 청렴은 다른 사람에게 긍정적 효과를 미친다. 목민관이 청렴할 경우 백성을 비롯한 공동체 구성원에게 좋은 혜택이 돌아갈 것이다. 둘째, 청렴한 행위를 하는 것은 목민관 자신에게도 좋은 결과를 가져다준다. 청렴은 그 자신의 덕을 높이는 것일 뿐 아니라 자신의 가문에 빛나는 명성과 영광을 가져다줄 것이다.

① 정약용은 청렴이 목민관이 반드시 지켜야 할 덕목임을 당위론 차원에서 정당화하였다.
② 정약용은 탐욕을 택하는 것보다 청렴을 택하는 것이 이롭다는 공자의 뜻을 계승하였다.
③ 정약용은 청렴한 사람은 욕심이 작기 때문에 재물에 대한 탐욕에 빠지지 않는다고 보았다.
④ 정약용은 청렴이 백성에게 이로움을 줄 뿐 아니라 목민관 자신에게도 이로운 행위라고 보았다.

3 다음 글을 통해 알 수 있는 내용으로 적절하지 않은 것은?

지구의 여러 곳에서 장기간에 걸친 가뭄, 폭염, 홍수, 폭우 등과 같은 이상 기후가 발생하여 인간에게 큰 피해를 주고 있다. 이러한 이상 기후가 나타나는 원인 중에는 엘니뇨와 라니냐가 있다.

평상시에는 적도 부근의 동태평양에 있는 남아메리카 페루 연안으로부터 서쪽으로 무역풍이 지속적으로 분다. 이 무역풍은 동쪽에 있는 따뜻한 표층수를 서쪽 방향으로 운반하기 때문에 따뜻한 해수층의 두께는 서태평양 쪽에서는 두껍고 동태평양 쪽에서는 얇아진다. 이와 함께 남아메리카 페루 연안에서는 서쪽으로 쓸려 가는 표층수의 자리를 메우기 위해 차가운 심층 해수가 아래로부터 올라오는 용승이 일어나게 된다.

이 결과 적도 부근 동태평양 페루 연안의 해수면 온도는 같은 위도의 다른 해역보다 낮아지고, 적도 부근 서태평양에서의 표층 해수의 온도는 높아지게 된다. 표층 해수의 온도가 높아지면 해수가 증발하여 공기 중에 수증기의 양이 많아지고, 따뜻한 해수가 공기를 데워 상승 기류를 발생시켜 저기압이 발달하고 구름이 생성된다. 이로 인해 해수 온도가 높은 서태평양에 위치한 동남아시아와 오스트레일리아에는 강수량이 많아진다. 반대로 남아메리카의 페루 연안에는 하강 기류가 발생하여 고기압이 발달하고 맑고 건조한 날씨가 나타난다.

적도 부근 태평양의 무역풍은 2~6년 사이로 그 세기가 변하는데, 이에 따라 적도 부근 태평양의 기후 환경은 달라진다. 무역풍이 평상시보다 약해지면 태평양 동쪽의 따뜻한 표층수를 서쪽으로 밀어내는 힘이 약해진다. 이로 인해, 적도 부근 동태평양의 용승이 약해지며 해수면의 온도는 평상시보다 높아진다. 따뜻한 표층수가 동쪽에 머무르면, 적도 부근 서태평양은 평상시에 비해 해수면의 온도와 해수면의 높이가 낮아지고, 적도 부근 동태평양은 해수면의 온도와 해수면의 높이가 상승하는데 이 현상이 엘니뇨이다. 엘니뇨가 발생하면 인도네시아, 오스트레일리아 등에서는 평상시에 비해 강수량이 감소하여 가뭄이 발생하고, 대규모 산불이 일어나기도 한다. 반면에 페루, 칠레 등에서는 평상시보다 많은 강수량을 보이면서 홍수가 자주 발생하는 등 이상 기후가 나타나게 된다.

한편, 무역풍이 평상시보다 강해지면 적도 부근 동태평양의 해수면의 온도와 해수면의 높이가 평상시보다 더 낮아지고 적도 부근 서태평양의 해수면의 온도와 해수면의 높이가 평상시보다 더 높아진다. 이런 현상을 라니냐라고 한다. 라니냐가 발생하면 동남아시아와 오스트레일리아에서는 홍수가 잦아지거나 이상 고온 현상이 나타나기도 하고, 반대로 페루, 칠레 등에서는 평상시보다 더 건조해져 가뭄이 발생할 수 있다. 라니냐가 발생하면 적도 부근 동태평양의 기압은 평상시보다 상승하고 서태평양의 기압은 평상시보다 하강하여 두 지역의 기압차는 평상시보다 더 커진다.

① 적도 부근 서태평양에서 표층 해수의 온도가 높아지면 상승 기류가 발생한다.

② 평상시에 무역풍은 적도 부근 태평양의 표층수를 동쪽에서 서쪽 방향으로 이동시킨다.

③ 동태평양 페루 연안에서 용승이 일어나면 같은 위도의 다른 해역보다 페루 연안의 해수면 온도가 높아진다.

④ 평상시 적도 부근 서태평양에 저기압이 발달하면 적도 부근 서태평양에 위치한 동남아시아의 강수량이 많아진다.

4 다음 일정표에 대해 잘못 이해한 것을 고르면?

Albert Denton : Tuesday, September 24

8:30 a.m.	Meeting with S.S. Kim in Metropolitan Hotel lobby Taxi to Extec Factory
9:30−11:30 a.m.	Factory Tour
12:00−12:45 p.m.	Lunch in factory cafeteria with quality control supervisors
1:00−2:00 p.m.	Meeting with factory manager
2:00 p.m.	Car to warehouse
2:30−4:00 p.m.	Warehouse tour
4:00 p.m.	Refreshments
5:00 p.m.	Taxi to hotel (approx. 45 min)
7:30 p.m.	Meeting with C.W. Park in lobby
8:00 p.m.	Dinner with senior managers

① They are having lunch at the factory.

② The warehouse tour takes 90 minutes.

③ The factory tour is in the afternoon.

④ Mr. Denton has some spare time before in the afternoon.

5 다음 글을 읽고 알 수 있는 내용으로 가장 적절한 것은?

> 어떤 시점에 당신만이 느끼는 어떤 감각을 지시하여 'W'라는 용어의 의미로 삼는다고 하자. 그 이후에 가끔 그 감각을 느끼게 되면, "W라고 불리는 그 감각이 나타났다."고 당신은 말할 것이다. 그렇지만 그 경우에 당신이 그 용어를 올바로 사용했는지 그렇지 않은지를 어떻게 결정할 수 있는가? 만에 하나 첫 번째 감각을 잘못 기억할 수도 있을 것이고, 혹은 실제로는 단지 희미하고 어렴풋한 유사성밖에 없는데도 첫 번째 감각과 두 번째 감각 사이에 밀접한 유사성이 있는 것으로 착각할 수도 있다. 더구나 그것이 착각인지 아닌지를 판단할 근거가 없다. 만약 "W"라는 용어의 의미가 당신만이 느끼는 그 감각에만 해당한다면, "W"라는 용어의 올바른 사용과 잘못된 사용을 구분할 방법은 어디에도 없게 될 것이다. 올바른 적용에 관해 결론을 내릴 수 없는 용어는 아무런 의미도 갖지 않는다.

① 본인만이 느끼는 감각을 지시하는 용어는 아무 의미도 없다.
② 어떤 용어도 구체적 사례를 통해서 의미를 얻게 될 수 없다.
③ 감각을 지시하는 용어는 사용하는 사람에 따라 상대적인 의미를 갖는다.
④ 감각을 지시하는 용어의 의미는 다른 사람들과 공유하는 의미로 확장될 수 있다.

6 다음 글을 읽고 이 글에서 설명하고 있는 '사전조치'의 개념과 다른 내용은?

> 개인이나 사회는 장기적으로 최선인 일을 의지박약, 감정, 충동, 고질적 습관, 중독 그리고 단기적 이익추구 등의 이유로 인해 수행하지 못하는 경우가 많다. 예컨대 많은 사람들이 지금 담배를 끊는 것이 자신의 건강을 위해서 장기적으로 최선이라고 판단함에도 불구하고 막상 담배를 피울 수 있는 기회에 접하게 되면 의지박약으로 인해 담배를 피우는 경우가 많다. 이런 경우 개인이나 사회는 더 합리적으로 행동하기 위해서 행위자가 가질 수 있는 객관적인 기회를 제한하거나 선택지를 줄임으로써 의지박약이나 충동 또는 단기적 이익 등에 따라 행동하는 것을 방지할 수 있다. 이런 조치를 '사전조치'라 한다.

① 알코올 중독자가 금주를 목적으로 인근 수십 킬로미터 안에 술을 파는 곳이 없는 깊은 산속으로 이사를 하였다.
② 술에 취할 때마다 헤어진 애인에게 전화를 하는 남학생이 더 이상 그녀에게 전화를 하지 않기 위해 자신의 핸드폰 번호를 변경하였다.
③ 가정 내에서 TV를 통한 미성년자의 등급 외 상영물 시청을 제한하기 위해 TV에 성인물 시청 시 비밀번호를 입력하도록 하는 장치를 설치하였다.
④ 국회는 향후 집권당과 정부가 선거에서 유권자의 표를 구할 목적으로 단기적으로만 효과를 발휘하는 통화금융정책을 시행할 위험을 막기 위해서 이자율과 통화량에 대한 결정권을 독립된 중앙은행에 이양하는 법률을 제정하였다.

 다음 글의 (   ) 안에 들어갈 말을 순서대로 바르게 나열한 것은?

차용증서

제1조 : 채권자 "갑"은 20○○년 ○○월 ○○일에 금 ○○만 원을 채무자 "을"에게 빌려주고 채무자 "을"은 이것을 차용하였다.

제2조 : 차용금의 변제기한은 20○○년 ○○월 ○○일로 한다.

제3조 : 1) 이자는 월 ○○푼의 비율로 하고 매월 ○○일까지 지불하기로 한다.

    2) 원리금의 변제를 지체했을 때에는 채무자는 일변 ○○리의 비율에 의한 지연손실금을 (㉠)해서 지불해야 한다.

제4조 : 채무의 변제는 채권자 현재의 주소 또는 지정장소에 지참 또는 송금하여 지불한다.

제5조 : 채무자 "을"이 다음의 어느 하나에 해당하는 경우에 있어서는 채권자 "갑"으로부터의 통지, 최고 등이 없이도 당연히 기한의 이익을 잃고 채무 전부를 즉시 변제한다.

    ① 본 건 이자의 지불을 ○○개월분 이상 (㉡)했을 때

    ② 다른 채무 때문에 강제집행, 집행보전처분을 받거나, 파산 또는 경매의 신청이 있었을 때

제6조 : 채무자 "을"은 그 채무불이행 시에는 그의 전 재산에 대해 곧 강제집행에 따를 것을 (㉢)했다.

	㉠	㉡	㉢
①	가산	체납	승낙
②	가산	지체	승낙
③	감산	체납	거부
④	감산	지체	승낙

8 다음은 폐광지역 개발 지원에 관한 특별법의 일부 내용이다. 한자로 바꾸어 쓴 것으로 옳지 않은 것은?

제3조(폐광지역진흥지구의 지정)
　㉠ 산업통상자원부 장관은 폐광지역 중 다른 산업을 유치하기 곤란한 지역의 경제를 진흥하기 위하여 필요한 경우에는 도지사의 신청을 받아 폐광지역진흥지구(이하 "진흥지구"라 한다)를 지정할 수 있다.
　㉡ 진흥지구의 <u>지정</u>은 「지역 개발 및 지원에 관한 법률」 제11조에 따른 지역개발사업구역 중 특별한 개발이 필요한 지역으로서 대통령령으로 정하는 <u>요건</u>에 해당하는 지역에 대하여 한다.
　㉢ 산업통상자원부 장관은 진흥지구를 지정할 때에는 미리 국무회의의 심의를 거쳐야 한다. 지정된 진흥지구를 대통령령으로 정하는 규모 이상으로 <u>변경</u>하는 경우에도 또한 같다.
　㉣ 산업통상자원부 장관은 진흥지구를 지정하였을 때에는 대통령령으로 정하는 바에 따라 그 내용을 <u>고시</u>하여야 한다.

① 지정 – 指定　　　　　　　② 요건 – 要件
③ 변경 – 變更　　　　　　　④ 고시 – 古時

9 다음 글에서 추론할 수 있는 내용만을 모두 고른 것은?

'도박사의 오류'라고 불리는 것은 특정 사건과 관련 없는 사건을 관련 있는 것으로 간주했을 때 발생하는 오류이다. 예를 들어, 주사위 세 개를 동시에 던지는 게임을 생각해 보자. 첫 번째 던지기 결과는 두 번째 던지기 결과에 어떤 영향도 미치지 않으며, 이런 의미에서 두 사건은 서로 상관이 없다. 마찬가지로 10번의 던지기에서 한 번도 6의 눈이 나오지 않았다는 것은 11번째 던지기에서 6의 눈이 나온다는 것과 아무런 상관이 없다. 그럼에도 불구하고, 우리는 "10번 던질 동안 한 번도 6의 눈이 나오지 않았으니, 이번 11번째 던지기에는 6의 눈이 나올 확률이 무척 높다."라고 말하는 경우를 종종 본다. 이런 오류를 '도박사의 오류 A'라고 하자. 이 오류는 지금까지 일어난 사건을 통해 미래에 일어날 특정 사건을 예측할 때 일어난다.

하지만 반대 방향도 가능하다. 즉, 지금 일어난 특정 사건을 바탕으로 과거를 추측하는 경우에도 오류가 발생한다. 다음 사례를 생각해보자. 당신은 친구의 집을 방문했다. 친구의 방에 들어가는 순간, 친구는 주사위 세 개를 던지고 있었으며 그 결과 세 개의 주사위에서 모두 6의 눈이 나왔다. 이를 본 당신은 "방금 6의 눈이 세 개가 나온 놀라운 사건이 일어났다는 것에 비춰볼 때, 내가 오기 전에 너는 주사위 던지기를 무척 많이 했음에 틀림없다."라고 말한다. 당신은 방금 놀라운 사건이 일어났다는 것을 바탕으로 당신 친구가 과거에 주사위 던지기를 많이 했다는 것을 추론한 것이다. 하지만 이것도 오류이다. 당신이 방문을 여는 순간 친구가 던진 주사위들에서 모두 6의 눈이 나올 확률은 매우 낮다. 하지만 이 사건은 당신 친구가 과거에 주사위 던지기를 많이 했다는 것에 영향을 받은 것이 아니다. 왜냐하면 문을 열었을 때 처음으로 주사위 던지기를 했을 경우에 문제의 사건이 일어날 확률과, 문을 열기 전 오랫동안 주사위 던지기를 했을 경우에 해당 사건이 일어날 확률은 동일하기 때문이다. 이 오류는 현재에 일어난 특정 사건을 통해 과거를 추측할 때 일어난다. 이를 '도박사의 오류 B'라고 하자.

㉠ 인태가 당첨 확률이 매우 낮은 복권을 구입했다는 사실로부터 그가 구입한 그 복권은 당첨되지 않을 것이라고 추론하는 것은 도박사의 오류 A이다.
㉡ 은희가 오늘 구입한 복권에 당첨되었다는 사실로부터 그녀가 오랫동안 꽤 많은 복권을 구입했을 것이라고 추론하는 것은 도박사의 오류 B이다.
㉢ 승민이가 어제 구입한 복권에 당첨되었다는 사실로부터 그가 구입했던 그 복권의 당첨 확률이 매우 높았을 것이라고 추론하는 것은 도박사의 오류 A가 아니며 도박사의 오류 B도 아니다.

① ㉠

② ㉡

③ ㉠㉢

④ ㉡㉢

10 다음 서식을 보고 ㉠과 ㉡에 들어갈 내용을 바르게 짝지은 것은?

거래명세표

견적명	컴퓨터 / 주변기기 납품
견적일자	2018년 8월 1일
㈜WK엔터테인먼트　(귀하)	

아래와 같이 견적합니다.

공급자		
등록번호	123-45-67890	
상호	㈜서원각	성명　다파라
주소	경기 고양시 일산서구 가좌동 123	
(㉠)	도매 및 소매업	
업종	컴퓨터 및 주변장치, 소프트웨어 도매업	

공급가액 합계		일금 육백십이만원정 (　₩ 6,120,000　)			
품명	규격	수량	단가	공급가액	비고
모니터	A형	5	360,000	1,800,000	
본체	B형	5	(㉡)	2,600,000	
프린터	C형	2	360,000	720,000	
주변기기	D형	5	200,000	1,000,000	
합계		17	1,440,000	6,120,000	

특기사항
1. 부가세 포함
2. 계약금 10%
3. 본 견적서는 견적일부터 30일간 유효합니다.

① ㉠ 종목, ㉡ 280,000　　　　② ㉠ 사업, ㉡ 320,000

③ ㉠ 업체, ㉡ 450,000　　　　④ ㉠ 업태, ㉡ 520,000

 다음 글의 내용이 모두 참일 때 반드시 참인 것만을 모두 고른 것은?

A부서에서는 올해부터 직원을 선정하여 국외 연수를 보내기로 하였다. 선정 결과 동근, 현구, 상민이 미국, 중국, 프랑스에 한 명씩 가기로 하였다. A부서에 근무하는 갑 ~ 정은 다음과 같이 예측을 하였다.

갑 : 동근씨는 미국에 가고 현구씨는 프랑스에 갈 거야.
을 : 현구씨가 프랑스에 가지 않으면, 동근씨는 미국에 가지 않을 거야.
병 : 현구씨가 프랑스에 가고 상민씨가 중국에 가는 그런 경우는 없을 거야.
정 : 상민씨는 중국에 가지 않고 동근씨는 미국에 가지 않을 거야.

하지만 을의 예측과 병의 예측 중 적어도 한 예측은 그르다는 것과 네 예측 중 두 예측은 옳고 나머지 두 예측은 그르다는 것이 밝혀졌다.

ㄱ 동근씨는 미국에 간다.
ㄴ 현구씨는 프랑스에 가지 않는다.
ㄷ 상민씨는 중국에 가지 않는다.

① ㄱ   ② ㄴ
③ ㄱㄷ   ④ ㄴㄷ

12 다음 글의 내용이 참일 때, 반드시 참인 것만을 모두 고른 것은?

이번에 우리 공장에서 발생한 화재사건에 대해 조사해 보았습니다. 화재의 최초 발생 장소는 A지역으로 추정됩니다. 화재의 원인에 대해서는 여러 가지 의견이 존재합니다.

첫째, 화재의 원인을 새로 도입한 기계 M의 오작동으로 보는 견해가 존재합니다. 만약 기계 M의 오작동이 화재의 원인이라면 기존에 같은 기계를 도입했던 X공장과 Y공장에서 이미 화재가 발생했을 것입니다. 확인 결과 이미 X공장에서 화재가 발생했었다는 것을 파악할 수 있었습니다.

둘째, 방화로 인한 화재의 가능성이 존재합니다. 만약 화재의 원인이 방화일 경우 감시카메라에 수상한 사람이 찍히고 방범용 비상벨이 작동했을 것입니다. 또한 방범용 비상벨이 작동했다면 당시 근무 중이던 경비원 갑이 B지역과 C지역 어느 곳으로도 화재가 확대되지 않도록 막았을 것입니다. B지역으로 화재가 확대되지는 않았고, 감시카메라에서 수상한 사람을 포착하여 조사 중에 있습니다.

셋째, 화재의 원인이 시설 노후화로 인한 누전일 가능성도 제기되고 있습니다. 화재의 원인이 누전이라면 기기관리자 을 또는 시설관리자 병에게 화재의 책임이 있을 것입니다. 만약 을에게 책임이 있다면 정에게는 책임이 없습니다.

㉠ 이번 화재 전에 Y공장에서 화재가 발생했어도 기계 M의 오작동이 화재의 원인은 아닐 수 있다.

㉡ 병에게 책임이 없다면, 정에게도 책임이 없다.

㉢ C지역으로 화재가 확대되었다면, 방화는 이번 화재의 원인이 아니다.

㉣ 정에게 이번 화재의 책임이 있다면, 시설 노후화로 인한 누전이 이번 화재의 원인이다.

① ㉠㉢   ② ㉠㉣

③ ㉠㉡㉢   ④ ㉡㉢㉣

13 다음은 3C 분석을 위한 도표이다. 빈칸에 들어갈 질문으로 옳지 않은 것은?

구분	내용
고객/시장(Customer)	• 우리의 현재와 미래의 고객은 누구인가? • _____________ ㉠ _____________ • _____________ ㉡ _____________ • 시장의 주 고객들의 속성과 특성은 어떠한가?
경쟁사(Competitor)	• _____________ ㉢ _____________ • 현재의 경쟁사들의 강점과 약점은 무엇인가? • 경쟁사의 최근 수익률 동향은 어떠한가?
자사(Company)	• 해당 사업이 기업의 목표와 일치하는가? • 기존 사업의 마케팅과 연결되어 시너지효과를 낼 수 있는가? • _____________ ㉣ _____________

① ㉠ : 새로운 경쟁사들이 시장에 진입할 가능성은 없는가?

② ㉡ : 성장 가능성이 있는 사업인가?

③ ㉢ : 고객들은 경쟁사에 대해 어떤 이미지를 가지고 있는가?

④ ㉣ : 인적 · 물적 · 기술적 자원을 보유하고 있는가?

14 다음 주어진 전제가 참일 때 결론으로 옳은 것은?

[전제]
• 사람을 좋아하는 사람은 동호회를 선호하는 사람이다.
• 책을 좋아하는 사람은 동호회를 선호하지 않는 사람이다.
• 나는 동호회를 선호하는 사람이다.

[결론]
• _______________________________

① 나는 사람과 책을 좋아한다.

② 나는 사람을 좋아하지 않는다.

③ 동호회를 선호하는 사람은 사람을 좋아한다.

④ 나는 책을 좋아하지 않는 사람이다.

15 다음으로부터 바르게 추론한 것으로 옳은 것을 보기에서 고르면?

- 5개의 갑, 을, 병, 정, 무 팀이 있다.
- 현재 '갑'팀은 0개, '을'팀은 1개, '병'팀은 2개, '정'팀은 2개, '무'팀은 3개의 프로젝트를 수행하고 있다.
- 8개의 새로운 프로젝트 a, b, c, d, e, f, g, h를 5개의 팀에게 분배하려고 한다.
- 5개의 팀은 새로운 프로젝트 1개 이상을 맡아야 한다.
- 기존에 수행하던 프로젝트를 포함하여 한 팀이 맡을 수 있는 프로젝트 수는 최대 4개이다.
- 기존의 프로젝트를 포함하여 4개의 프로젝트를 맡은 팀은 2팀이다.
- 프로젝트 a, b는 한 팀이 맡아야 한다.
- 프로젝트 c, d, e는 한 팀이 맡아야 한다.

〈보기〉

㉠ a를 '을'팀이 맡을 수 없다.
㉡ f를 '갑'팀이 맡을 수 있다.
㉢ 기존에 수행하던 프로젝트를 포함해서 2개의 프로젝트를 맡는 팀이 있다.

① ㉠㉡   ② ㉡㉢
③ ㉠㉢   ④ ㉠㉡㉢

16 사과 사탕, 포도 사탕, 딸기 사탕이 각각 2개씩 있다. 甲~戊 다섯 명의 사람 중 한 명이 사과 사탕 1개와 딸기 사탕 1개를 함께 먹고, 다른 네 명이 남은 사탕을 각각 1개씩 먹었다. 모두 진실을 말하였다고 할 때, 사과 사탕 1개와 딸기 사탕 1개를 함께 먹은 사람과 戊가 먹은 사탕을 옳게 짝지은 것은?

甲 : 나는 포도 사탕을 먹지 않았어.
乙 : 나는 사과 사탕만 먹었어.
丙 : 나는 사과 사탕을 먹지 않았어.
丁 : 나는 사탕을 한 종류만 먹었어.
戊 : 너희 말을 다 듣고 아무리 생각해봐도 나는 딸기 사탕을 먹은 사람 두 명 다 알 수는 없어.

① 甲, 포도 사탕 1개   ② 甲, 딸기 사탕 1개
③ 丙, 포도 사탕 1개   ④ 戊, 사과 사탕 1개와 딸기 사탕 1개

17 다음 글과 표를 근거로 판단할 때 세 사람 사이의 관계가 모호한 경우는?

- 조직 내에서 두 사람 사이의 관계는 '동갑'과 '위아래' 두 가지 경우로 나뉜다.
  - 두 사람이 태어난 연도가 같은 경우 입사년도에 상관없이 '동갑' 관계가 된다.
  - 두 사람이 태어난 연도가 다른 경우 '위아래' 관계가 된다. 이때 생년이 더 빠른 사람이 '윗사람', 더 늦은 사람이 '아랫사람'이 된다.
  - 두 사람이 태어난 연도가 다르더라도 입사년도가 같고 생년월일의 차이가 1년 미만이라면 '동갑' 관계가 된다.
- 두 사람 사이의 관계를 바탕으로 임의의 세 사람(A~C) 사이의 관계는 '명확'과 '모호' 두 가지 경우로 나뉜다.
  - A와 B, A와 C가 '동갑' 관계이고 B와 C 또한 '동갑' 관계인 경우 세 사람 사이의 관계는 '명확'하다.
  - A와 B가 '동갑' 관계이고 A가 C의 '윗사람', B가 C의 '윗사람'인 경우 세 사람 사이의 관계는 '명확'하다.
  - A와 B, A와 C가 '동갑' 관계이고 B와 C가 '위아래' 관계인 경우 세 사람 사이의 관계는 '모호'하다.

이름	생년월일	입사년도
甲	1992. 4. 11.	2017
乙	1991. 10. 3.	2017
丙	1991. 3. 1.	2017
丁	1992. 2. 14.	2017
戊	1993. 1 7.	2018

① 甲, 乙, 丙

② 甲, 乙, 丁

③ 甲, 丁, 戊

④ 丙, 丁, 戊

▌18~19▐ 인사팀에 근무하는 S는 2017년도에 새롭게 변경된 사내 복지 제도에 따라 경조사 지원 내역을 정리하는 업무를 담당하고 있다. 다음을 바탕으로 물음에 답하시오.

❏ 2017년도 변경된 사내 복지 제도

종류	주요 내용
주택 지원	• 사택 지원(가~사 총 7동 175가구) 최소 1년 최장 3년 • 지원 대상 – 입사 3년 차 이하 1인 가구 사원 중 무주택자(가~다동 지원) – 입사 4년 차 이상 본인 포함 가구원이 3인 이상인 사원 중 무주택자(라~사동 지원)
경조사 지원	• 본인/가족 결혼, 회갑 등 각종 경조사 시 • 경조금, 화환 및 경조휴가 제공
학자금 지원	• 대학생 자녀의 학자금 지원
기타	• 상병 휴가, 휴직, 4대 보험 지원

❏ 2017년도 1/4분기 지원 내역

이름	부서	직위	내역	변경 전	변경 후	금액(천원)
A	인사팀	부장	자녀 대학진학	지원 불가	지원 가능	2,000
B	총무팀	차장	장인상	변경 내역 없음		100
C	연구1팀	차장	병가	실비 지급	추가 금액 지원	50 (실비 제외)
D	홍보팀	사원	사택 제공(가–102)	변경 내역 없음		–
E	연구2팀	대리	결혼	변경 내역 없음		100
F	영업1팀	차장	모친상	변경 내역 없음		100
G	인사팀	사원	사택 제공(바–305)	변경 내역 없음		–
H	보안팀	대리	부친 회갑	변경 내역 없음		100
I	기획팀	차장	결혼	변경 내역 없음		100
J	영업2팀	과장	생일	상품권	기프트 카드	50
K	전략팀	사원	생일	상품권	기프트 카드	50

18 당신은 S가 정리해 온 2017년도 1/4분기 지원 내역을 확인하였다. 다음 중 잘못 구분된 사원은?

지원 구분	이름
주택 지원	D, G
경조사 지원	B, E, H, I, J, K
학자금 지원	A
기타	F, C

① B
② D
③ F
④ H

19 S는 2017년도 1/4분기 지원 내역 중 변경 사례를 참고하여 새로운 사내 복지 제도를 정리해 추가로 공시하려 한다. 다음 중 S가 정리한 내용으로 옳지 않은 것은?

① 복지 제도 변경 전후 모두 생일에 현금을 지급하지 않습니다.
② 복지 제도 변경 후 대학생 자녀에 대한 학자금을 지원해드립니다.
③ 변경 전과 달리 미혼 사원의 경우 입주 가능한 사택동 제한이 없어집니다.
④ 변경 전과 같이 경조사 지원금은 직위와 관계없이 동일한 금액으로 지원됩니다.

20 영업부서에서는 주말을 이용해 1박 2일의 워크숍을 다녀올 계획이며, 워크숍 장소로 선정된 N연수원에서는 다음과 같은 시설 이용료와 식사에 대한 견적서를 보내왔다. 다음 내용을 참고할 때, 250만 원의 예산으로 주문할 수 있는 저녁 메뉴가 될 수 없는 것은?

〈N연수원 워크숍 견적서〉

- 참석 인원 : 총 35명(회의실과 운동장 추가 사용 예정)
- 숙박요금 : 2인실 기준 50,000원/룸(모두 2인실 사용)
- 회의실 : 250,000원/40인 수용
- 운동장 : 130,000원
- 1층 식당 석식 메뉴

식사류	설렁탕	7,000원	1인분
	낙지볶음	8,000원	
	비빔밥	6,500원	
안주류	삼겹살	10,000원	1인분
	골뱅이 무침	9,000원	2인분
	마른안주	11,000원	3인 기준
	과일안주	12,000원	3인 기준
주류	맥주	4,500원	1병
	소주	3,500원	1병

① 낙지볶음 30인분과 설렁탕 5인분, 삼겹살 55인분과 마른안주 10개, 맥주와 소주 각각 40병

② 식사류 1인분씩과 삼겹살 60인분, 맥주와 소주 각각 30병

③ 삼겹살 60인분과 마른안주, 과일안주 각각 12개, 맥주와 소주 각각 30병

④ 식사류 1인분씩과 삼겹살 60인분, 골뱅이 무침 10개와 맥주 50병

21 다음 기사 내용에서 'A씨'에게 필요한 업무 수행의 자세로 알맞은 것은?

> #### 부실 공사 눈감아준 공무원 입건
> △△경찰서는 부실공사를 알고도 준공검사를 해준 혐의로 공무원 A씨를 불구속 입건했다. 그는 수백 억 원의 예산이 투입되는 주택 건설 사업과 관련해 기존 설계도면에 문제가 있다는 것을 알면서도 설계 변경 없이 공사를 진행하도록 하고 준공검사까지 내주었다. 특히 A씨는 준공검사 때에도 현장에 가지 않고 준공검사 조서를 작성한 것으로 드러났다.

① 많은 성과를 내기 위해 관행에 따라 일을 처리해야 한다.
② 사실 확인보다는 문서의 정확성을 위해 노력해야 한다.
③ 정명(正名) 정신에 따라 사회적 책임을 완수해야 한다.
④ 인정(人情)에 의거해 업무를 처리해야 한다.

22 다음과 같은 상황에 대하여 A에게 해줄 수 있는 조언으로 알맞은 것은?

> 대학을 졸업한 A는 여러 차례 구직 활동을 하였지만 마땅한 직업을 찾지 못하고 있다. A는 힘들고, 더럽고, 위험한 일에는 종사하고 싶은 마음이 없기 때문이다.

> ㉠ 명예와 부를 획득하기 위해서 어떠한 직업도 마다해선 안 된다.
> ㉡ 생업이 없으면 도덕적 마음도 생길 수 없다.
> ㉢ 예(禮)를 통해 나누어지는 사회적 신분에 성실히 응해야 한다.
> ㉣ 힘든 일이라도 소명 의식을 갖고 신의 부름에 응해야 한다.

① ㉠, ㉡   ② ㉠, ㉢
③ ㉡, ㉢   ④ ㉡, ㉣

23 다음 내용에 부합하는 명장(名匠)의 요건으로 알맞은 것은?

> 우리나라는 명장(名匠) 제도를 실시하고 있다. 장인 정신이 투철하고 그 분야에서 최고 수준의 기능을 보유한 사람을 명장으로 선정함으로써 기능인이 긍지와 자부심을 가지고 맡은 분야에 계속 정진할 수 있도록 유도하여 국가 산업 발전에 이바지하고자 한다. 명장 제도는 기술과 품성을 모두 갖춘 훌륭하고 모범적인 기능인이 사회의 귀감이 되도록 하는 역할을 하고 있다.

① 육체노동보다 정신노동에 종사하는 사람이다.
② 사회에 기여한 바는 없지만 기술력이 탁월하다.
③ 최고 수준의 기능을 보유하고 있지만 다른 일에 종사한다.
④ 자신의 재능을 기부하여 지역 주민의 삶을 풍요롭게 한다.

24 회사의 아이디어 공모에 평소 당신이 생각했던 것을 알고 있던 동료가 자기 이름으로 제안을 하여 당선이 된 경우 당신의 행동으로 가장 적절한 것은?

① 동료에게 나의 아이디어였음을 솔직히 말하라고 설득한다.
② 모른 척 그냥 넘어간다.
③ 회사에 대대적으로 고발하여 동료를 곤경에 빠뜨린다.
④ 동료에게 감정적으로 대응하여 다시는 그러한 행동을 하지 못하도록 한다.

25 상사가 당신에게는 어려운 업무만 주고 입사동기인 A에게는 쉬운 업무만 주는 것을 우연히 알게 되었다. 당신의 행동으로 가장 적절한 것은?

① 상사에게 왜 차별대우를 하는지에 대해 무작정 따진다.
② 상사에게 알고 있는 사실과 부당한 대우로 인한 불편함을 솔직히 이야기하고 해결방안을 제시한다.
③ A에 대한 인적사항을 몰래 조사하여 특혜를 받을 만한 사실이 있는지 파헤친다.
④ 직장생활의 일부라고 생각하고 꿋꿋이 참아낸다.

26 당신은 △△기업의 지원팀 과장으로 협력업체를 관리하는 감독관이다. 새로운 제품의 출시가 임박하여 제대로 상품이 생산되는지를 확인하기 위하여 협력업체를 내방하였다. 그런데 생산현장에서 담당자의 작업지침이 △△기업에서 보낸 작업지침서와 많이 달라 불량품이 발생할 조짐이 현저하다. 이번 신제품에 △△기업은 사활을 걸고 있다. 이러한 상황에서 당신의 행동으로 가장 적절한 것은?

① 협력업체 대표를 불러 작업지침에 대한 사항을 직접 물어본다.

② 곧바로 회사에 복귀하여 협력업체의 무분별한 작업을 고발하고 거래를 중지해야 한다고 보고한다.

③ 협력업체 대표를 불러 작업을 중단시키고 계약을 취소한다고 말한다.

④ 협력업체 현장 담당자에게 왜 지침이 다른지 물어보고 잘못된 부분을 지적하도록 한다.

27 당신은 □□기업의 기술개발팀에서 근무를 하고 있다. 그런데 10년 넘게 알고 지낸 친한 선배가 당신이 다니고 있는 회사의 신제품 관련 기술에 대한 정보를 조금만 알려달라고 부탁을 하였다. 그 선배는 당신이 어렵고 힘들 때 항상 곁에서 가족처럼 챙겨주고 아껴주던 가족보다 더 소중한 선배이다. 또한 그 신제품을 개발할 때에도 많은 조언과 소스 등을 알려 주었던 선배이다. 회사 기밀을 유출하면 당신은 물론 □□기업은 엄청나게 큰 피해를 입을 수도 있다. 이러한 상황에서 당신이 취할 수 있는 가장 바람직한 행동은?

① 이런 부탁을 할 거면 다시는 연락을 하지 말자고 화를 낸다.

② 그냥 못들은 척하며 은근슬쩍 넘어간다.

③ 다른 선배나 지인에게 자신의 상황을 얘기하며 조언을 구한다.

④ 도움을 받았던 만큼만 알려준다.

28 다음에서 A가 지니고 있는 직업관으로 알맞은 것은?

> 바나나 재배법 발명 특허로 신지식 농업인에 선정된 A는 국내 최대 규모의 시설을 갖춘 농장을 운영하고 있다. 그는 수많은 시행착오를 거쳐 자연 상태와 가장 유사한 생육 환경을 찾아내 인공적으로 바나나를 재배할 수 있는 방법을 개발하였다. 바나나 재배에 대한 끊임없는 도전과 노력 속에서 그는 무엇인가 새로운 것을 찾아내는 것이 재미있으며, 그때마다 자신이 가지고 있는 그 무언가가 성장하고 있는 느낌이 든다고 하였다.

① 직업은 부와 명예를 획득하는 수단이다.

② 직업은 다른 사람들과 국가에 대한 봉사이다.

③ 직업은 일차적으로 생계를 유지하기 위한 것이다.

④ 직업은 자신의 능력과 소질을 계발하기 위한 것이다.

29 직업윤리의 기본 원칙으로 알맞은 것은?

> ㉠ 사회적 책임 ㉡ 연대의식의 해체
> ㉢ 전문성 제고 ㉣ 천직·소명 의식
> ㉤ 협회의 강령 비판

① ㉠, ㉡, ㉢　　　　　　　　　　② ㉠, ㉢, ㉣

③ ㉡, ㉢, ㉣　　　　　　　　　　④ ㉡, ㉢, ㉤

30 다음은 인터넷 검색을 통하여 얻은 내용을 나타낸 것이다. 주어진 내용에 해당하는 사례들을 〈보기〉에서 알맞게 고른 것은?

> 기업이 생산 및 영업 활동을 하면서 환경경영, 윤리경영, 사회공헌과 노동자를 비롯한 지역 사회 등 사회 전체의 이익을 동시에 추구하며 그에 따라 의사결정 및 활동을 하는 것

〈보기〉

㉠ 장난감 제조업체인 A사는 자사 공장에서의 아동 노동을 금지하는 규정을 제정하고 시행하였다.
㉡ 가공식품 회사인 B사는 생산 원가를 낮추기 위해 공장을 해외로 이전하기로 하였다.
㉢ 무역회사인 C사는 매년 소재지의 학교와 문화 시설에 상당액을 기부하고 있다.
㉣ 자동차 회사인 D사는 구조 조정을 명분으로 상당수의 직원을 해고하였다.

① ㉠, ㉡　　　　　　　　　　② ㉠. ㉢

③ ㉡, ㉣　　　　　　　　　　④ ㉢, ㉣

31

$$\frac{1}{3} \quad \frac{4}{5} \quad \frac{13}{9} \quad \frac{40}{17} \quad \frac{121}{33} \quad (\quad) \quad \frac{1093}{129}$$

① $\dfrac{364}{65}$

② $\dfrac{254}{53}$

③ $\dfrac{413}{48}$

④ $\dfrac{197}{39}$

32

$$\underline{20 \quad 10 \quad 3} \qquad \underline{30 \quad 5 \quad 7} \qquad \underline{40 \quad 5 \quad (\quad)}$$

① 8

② 9

③ 10

④ 11

33 피자 1판의 가격이 치킨 1마리의 가격의 2배인 가게가 있다. 피자 3판과 치킨 2마리의 가격의 합이 80,000원일 때, 피자 1판의 가격은?

① 12,000원

② 15,000원

③ 18,000원

④ 20,000원

34 그림과 같이 P도시에서 Q도시로 가는 길은 3가지이고, Q도시에서 R도시로 가는 길은 2가지이다. P도시를 출발하여 Q도시를 거쳐 R도시로 가는 방법은 모두 몇 가지인가?

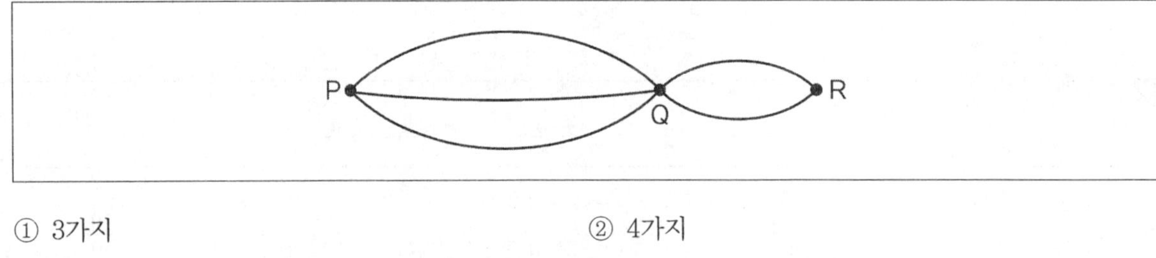

① 3가지

② 4가지

③ 5가지

④ 6가지

35 정수는 6명의 친구들과 저녁 식사를 했다. 평균 한 사람당 12,000원씩 낸 것과 같다면 친구들은 얼마씩 낸 것인가? (단, 정수가 음료수 값도 함께 계산하기로 하여 24,000원을 먼저 내고, 나머지 친구들은 동일한 금액으로 나누어 냈다.)

① 9,000원

② 9,500원

③ 10,000원

④ 10,500원

36 물통을 가득 채울 때 관 A의 경우 5시간, 관 B의 경우 7시간이 걸리고, 처음 1시간은 A관만 사용하여 물통에 물을 채우고, 이후의 시간동안은 A관과 B관을 동시에 사용하여 물통에 물을 채웠을 때, 물통에 물이 가득 찰 때까지 몇 시간이 걸리는가?

① 2시간 20분 ② 2시간 40분
③ 3시간 20분 ④ 3시간 40분

37 두 자리의 자연수에 대하여 각 자리의 숫자의 합은 11이고, 이 자연수의 십의 자리 숫자와 일의 자리 숫자를 바꾼 수의 3배보다 5 큰 수는 처음 자연수와 같다고 한다. 처음 자연수의 십의 자리 숫자는?

① 9 ② 7
③ 5 ④ 3

38 다음은 연도별 우리나라의 칠레산 농축산물 수입액 추이에 관한 자료이다. 2012년에 우리나라 총 수입에서 칠레산 상품이 차지하는 비율이 두 번째로 낮은 상품의 2003년 대비 2013년의 수입액 증가율을 구하면?

(단위 : 천 달러, %)

구분	2003년	2008년	2012년	2013년
농산물	21,825(0.4)	109,052(0.8)	222,161(1.2)	268,655(1.4)
포도	13,656(35.1)	64,185(58.2)	117,935(60.3)	167,016(71.1)
키위	1,758(7.8)	3,964(6.9)	12,391(18.5)	11,998(27.6)
축산물	30,530(1.4)	92,492(2.8)	135,707(2.9)	114,442(2.4)
돼지고기	30,237(15.4)	89,508(10.2)	125,860(10.4)	102,477(11.2)
임산물	16,909(0.9)	37,518(1.3)	355,332(5.9)	398,595(6.1)

※ 괄호 안의 숫자는 우리나라 총 수입에서 칠레산이 차지하는 비율이다.

① 246.8% ② 251.6%
③ 268.4% ④ 274.9%

39 다음은 학생별 독서량에 관한 자료이다. 다음 중 갑의 독서량과 해당 독서량이 전체에서 차지하는 비율로 묶여진 것은? (단, 여섯 학생의 평균 독서량은 을의 독서량보다 3배 많다.)

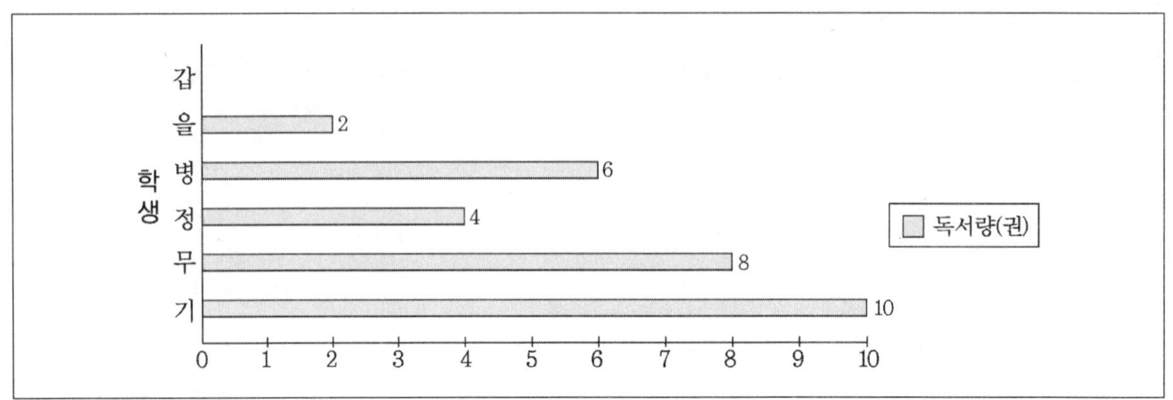

	갑의 독서량	갑의 독서량이 전체에서 차지하는 비율
①	4권	14.5%
②	5권	15.9%
③	6권	16.7%
④	7권	17.2%

40 민경이는 $10 \times 10 \mathrm{m}^2$의 동아리방에 매트를 깔려고 한다. 다음 중 가장 저렴하게 구매할 수 있는 매트는?

① A 놀이매트($1 \times 1\mathrm{m}^2$) : 1세트(20개) 10만 원

   ※ 5세트 구매 시 1세트 무료 증정

② B 어린이매트($1 \times 1\mathrm{m}^2$) : 1세트(25개) 15만 원

③ C 보호매트($1 \times 2\mathrm{m}^2$) : 1세트(10개) 7만 원

④ D 환경매트($1 \times 2\mathrm{m}^2$) : 1세트(10개) 10만 원

   ※ 2세트 구매 시 단품 5개 증정

① ㉠   ② ㉡

③ ㉢   ④ ㉣

41 다음 사례에서 민수의 행동 중 잘못된 행동은 무엇인가?

> 민수는 Y기업 판매부서의 부장이다. 그의 부서는 크게 3개의 팀으로 구성되어 있는데 이번에 그의 부서에서 본사의 중요한 프로젝트를 맡게 되었고 그는 세 팀의 팀장들에게 이번 프로젝트를 성공시키면 전원 진급을 시켜주겠다고 약속하였다. 각 팀의 팀장들은 민수의 말을 듣고 한 달 동안 야근을 하면서 마침내 거액의 계약을 따내게 되었다. 이로 인해 각 팀의 팀장들은 회사로부터 약간의 성과급을 받게 되었지만 정작 진급은 애초에 세 팀 중에 한 팀만 가능하다는 사실을 뒤늦게 통보받았다. 각 팀장들은 민수에게 불만을 표시했고 민수는 미안하게 됐다며 성과급 받은 것으로 만족하라는 말만 되풀이하였다.

① 상대방에 대한 이해

② 기대의 명확화

③ 사소한 일에 대한 관심

④ 약속의 불이행

42 다음 사례에 나타난 리더십 유형의 특징으로 옳은 것은?

> 이번에 새로 팀장이 된 대근은 입사 5년차인 비교적 젊은 팀장이다. 그는 자신의 팀에 있는 팀원들은 모두 나름대로의 능력과 경험을 가지고 있으며 자신은 그들 중 하나에 불과하다고 생각한다. 따라서 다른 팀의 팀장들과 같이 일방적으로 팀원들에게 지시를 내리거나 팀원들의 의견을 듣고 그 중에서 마음에 드는 의견을 선택적으로 추리는 등의 행동을 하지 않고 평등한 입장에서 팀원들을 대한다. 또한 그는 그의 팀원들에게 의사결정 및 팀의 방향을 설정하는데 참여할 수 있는 기회를 줌으로써 팀 내 행동에 따른 결과 및 성과에 대해 책임을 공유해 나가고 있다. 이는 모두 팀원들의 능력에 대한 믿음에서 비롯된 것이다.

① 질문을 금지한다.　　　　　② 모든 정보는 리더의 것이다.

③ 실수를 용납하지 않는다.　　④ 책임을 공유한다.

43 다음 사례에서 나오는 마부장의 리더십은 어떤 유형인가?

> ○○그룹의 마부장은 이번에 새로 보직 이동을 하면서 판매부서로 자리를 옮겼다. 그런데 판매부서는 ○○그룹에서도 알아주는 문제가 많은 부서 중에 한 곳으로 모두들 이곳으로 옮기기를 꺼려한다. 그런데 막상 이곳으로 온 마부장은 이곳 판매부서가 비록 직원이 3명밖에 없는 소규모의 부서이지만 세 명 모두가 각자 나름대로의 재능과 경험을 가지고 있고 단지 서로 화합과 협력이 부족하여 성과가 저조하게 나타났음을 깨달았다. 또한 이전 판매부장은 이를 간과한 채 오직 성과내기에 급급하여 직원들을 다그치기만 하자 팀 내 사기마저 떨어지게 된 것이다. 이에 마부장은 부원들의 단합을 위해 매주 등산모임을 만들고 수시로 함께 식사를 하면서 많은 대화를 나눴다. 또한 각자의 능력을 살릴 수 있도록 업무를 분담해 주고 작은 성과라도 그에 맞는 보상을 해 주었다. 이렇게 한 달, 두 달이 지나자 판매부서의 성과는 눈에 띄게 높아졌으며 직원들의 사기 역시 높아졌다.

① 카리스마 리더십
② 독재자형 리더십
③ 변혁적 리더십
④ 거래적 리더십

44 다음 사례에서 장부장이 취할 수 있는 가장 적절한 행동은 무엇인가?

> 서울에 본사를 둔 T그룹은 매년 상반기와 하반기에 한 번씩 전 직원이 워크숍을 떠난다. 이는 평소 직원들 간의 단체생활을 중시 여기는 T그룹 회장의 지침 때문이다. 하지만 워낙 직원이 많은 T그룹이다 보니 전 직원이 한꺼번에 움직이는 것은 불가능하고 각 부서별로 그 부서의 장이 재량껏 계획을 세우고 워크숍을 진행하도록 되어 있다. 이에 따라 생산부서의 장부장은 부원들과 강원도 태백산에 가서 1박 2일로 야영을 하기로 했다. 하지만 워크숍을 가는 날 아침 갑자기 예약한 버스가 고장이 나서 출발을 못한다는 연락을 받았다.

① 워크숍은 장소보다도 이를 통한 부원들의 단합과 화합이 중요하므로 서울 근교의 적당한 장소를 찾아 워크숍을 진행한다.
② 무슨 일이 있어도 계획을 실행하기 위해 새로 예약 가능한 버스를 찾아보고 태백산으로 간다.
③ 어쩔 수 없는 일이므로 상사에게 사정을 얘기하고 이번 워크숍은 그냥 집에서 쉰다.
④ 각 부원들에게 의견을 물어보고 각자 자율적으로 하고 싶은 활동을 하도록 한다.

45 무역회사에 근무하는 팀장 S씨는 오전 회의를 통해 신입사원 O가 작성한 견적서를 살펴보았다. 그러던 중 다른 신입사원에게 지시한 주문양식이 어떻게 진행되고 있는지를 묻기 위해 신입사원 M을 불렀다. M은 "K가 제대로 주어진 업무를 하지 못하고 있어서 저는 아직까지 계속 기다리고만 있습니다. 그래서 아직 완성하지 못했습니다."라고 하였다. 그래서 K를 불러 물어보니 "M의 말은 사실이 아닙니다."라고 변명을 하고 있다. 팀장 S씨가 할 수 있는 가장 효율적인 대처방법은?

① 사원들 간의 피드백이 원활하게 이루어지는지 확인한다.

② 팀원들이 업무를 하면서 서로 협력을 하는지 확인한다.

③ 의사결정 과정에 잘못된 부분이 있는지 확인한다.

④ 중재를 하고 문제가 무엇인지 확인한다.

46 인간관계에서 신뢰를 구축하는 방법으로 가장 거리가 먼 것은?

① 상대에 대한 이해와 양보

② 사소한 일에 대한 관심

③ 무조건적인 사과

④ 언행일치

47 갈등이 증폭되는 일반적인 원인이 아닌 것은?

① 승·패의 경기를 시작

② 승리보다 문제 해결을 중시하는 태도

③ 의사소통의 단절

④ 적대적 행동

48 다음 사례에서 이 고객의 불만유형으로 적절한 것은?

> 훈재가 근무하고 있는 △△핸드폰 대리점에 한 고객이 방문하여 깨진 핸드폰 케이스를 보여주며 무상으로 바꿔달라고 요구하고 있다. 이 핸드폰 케이스는 이번에 새로 출시된 핸드폰에 맞춰서 이벤트 차원에서 한 달간 무상으로 지급한 것이며 현재는 이벤트 기간이 끝나 돈을 주고 구입을 해야 한다. 훈재는 깨진 핸드폰 케이스는 고객의 실수에 의한 것으로 무상으로 바꿔줄 수 없으며 새로 다시 구입을 해야 한다고 설명하였다. 하지만 이 고객은 본인은 핸드폰을 구입할 때 이미 따로 보험에 가입을 했으며 핸드폰 케이스는 핸드폰의 부속품이므로 마땅히 무상 교체를 해줘야 한다고 트집을 잡고 있다.

① 의심형   ② 빨리빨리형

③ 거만형   ④ 트집형

49 다음 사례에서 종엽이 선택한 협상전략으로 옳은 것은?

> ⊙⊙전자에 다니는 종엽은 이번에 중소기업인 ●●기업과 중요한 협상을 앞두고 이를 성사시키기 위해 많은 준비를 하였다. 그 이유는 비록 자신의 회사인 ⊙⊙전자가 세계에서도 알아주는 대기업이지만 이는 하드웨어적인 분야에서 그럴 뿐 아직 소프트웨어 분야에서는 세계적인 경쟁력이 없기 때문에 소프트웨어 분야에서 경쟁력이 있는 ●●기업의 기술이 절실하기 때문이다. 반면 ●●기업은 소프트웨어 분야에서 세계적인 경쟁력과 성장가능성을 가지고 있지만 이제 막 시작한 작은 중소기업이기 때문에 막대한 자본력이 필요했다. 이러한 점을 파악한 종엽은 ●●기업이 ⊙⊙전자와 협상을 함으로써 얻게되는 여러 가지 이점을 어필하면서 서로 윈-윈 할 수 있는 방안을 제시하여 마침내 ●●기업과의 기술협상을 성사시켰다.

① 협력전략   ② 회피전략

③ 강압전략   ④ 유화전략

50 다음 사례에서 진부장과 채부장의 갈등 과정을 순서대로 바르게 나열한 것은?

⊙ 자리로 돌아온 진부장과 채부장은 서로 상대방의 입장은 부정하면서 자기주장만 하려고 한다. 부하직원들에게도 상대방에 대한 비방을 늘어놓으며 급기야 편까지 가르기에 이르렀다.

ⓛ 이렇게 진부장과 채부장이 원수관계를 맺게 된 것도 어느 덧 반년이 지났다. 두 사람이 서로 소원하게 지내는 동안 V기업의 매출은 반 토막이 났고 앞으로의 전망도 밝지 않다. 이에 두 사람의 동기인 원부장은 어느 날 두 사람을 불러 밥을 먹으며 두 사람의 사이가 벌어진 원인에 대해 서로 속마음을 털어놓게 하고 새로운 해결점을 찾도록 도와주었다.

ⓒ V기업에 다니는 입사동기 진부장과 채부장은 어느 날 회의에서 신제품의 매출부진과 관련하여 의견 차이를 내보였다. 신제품의 매출부진을 서로 상대방의 탓으로 돌려세운 것이다. 자존심이 강한 두 사람은 회의 내내 서로 말이 없었고 결국 그 날 회의는 아무 결론이 나지 않은 채 끝나고 말았다.

ⓔ 결국 회사의 앞날을 위해 진부장과 채부장은 자신들이 서로 협력을 해야 한다는 것을 깨달았다. 그리고 서로 조금씩 양보하면서 합의점을 찾는데 성공하였다. 물론 이 합의점에 대해 두 사람 모두 만족하는 것은 아니었다. 하지만 회사의 앞날을 위해, 그리고 두 사람의 앞으로의 우정을 위해서라도 이렇게 하지 않으면 안 된다는 것을 두 사람은 알고 있었다.

ⓜ 진부장과 채부장은 나아가 상대방에 대한 있지도 않은 인신공격까지 퍼 부었다. 누가 먼저라 할 것도 없이 같은 날 사내 홈페이지에 동시에 글이 올라온 것이다. 이를 보고 두 사람은 또 서로 욕을 했다. 심지어 상대방이 없어야 우리 회사가 발전할 수 있다는 둥, 그나마 자기 때문에 상대방이 지금까지 자리를 보존했다는 둥 하는 식이었다.

① ⊙ⓛⓒⓔⓜ

② ⓛⓔⓜⓒ⊙

③ ⓒ⊙ⓜⓛⓔ

④ ⓔⓒ⊙ⓜⓛ

| 2 | 직무수행능력평가 |

1 다음에서 설명하는 이 나라는 어디인가?

> 이 나라 사람들은 12월이 되면 하늘에 제사를 드리는데, 온 나라 백성이 크게 모여서 며칠을 두고 음식을 먹고 노래하며 춤추니, 그것을 곧 영고라 한다. 이때에는 형옥(刑獄)을 중단하고 죄수를 풀어 준다. 전쟁을 하게 되면 그 때에도 하늘에 제사를 지내고, 소를 잡아서 그 발굽을 가지고 길흉을 점친다.

① 부여　　　　　　　　　　② 고구려

③ 동예　　　　　　　　　　④ 옥저

2 다음에 관한 업적을 가진 왕은 누구인가?

> • 전제 왕권 강화　　　　　　• 김흠돌의 난 이후 개혁 실시
> • 국학 설립　　　　　　　　• 관료전 지급
> • 녹읍 폐지

① 문무왕　　　　　　　　　② 무열왕

③ 신문왕　　　　　　　　　④ 장수왕

3 다음은 고려의 대외 관계를 대표하는 주요 사건을 나열한 것이다. 일어난 순서는 어떻게 되는가?

> ㉠ 귀주대첩　　　　　　　　㉡ 별무반 편성
> ㉢ 동북 9성 축조　　　　　　㉣ 강화도 천도
> ㉤ 삼별초 항쟁

① ㉠ - ㉡ - ㉢ - ㉣ - ㉤　　　　② ㉠ - ㉡ - ㉣ - ㉢ - ㉤

③ ㉡ - ㉠ - ㉢ - ㉣ - ㉤　　　　④ ㉡ - ㉠ - ㉢ - ㉤ - ㉣

4 다음은 지눌과 관련된 내용을 정리한 것이다. 빈칸에 들어갈 내용으로 적절한 것은?

• 보조국사	• (　　　)
• 선종 입장에서 교종 통합	• 돈오점수
• 정혜쌍수	• 수선사 조직
• 권수정혜결사문 선포	

① 천태종 개창　　　　　　　　② 조계종 확립
③ 왕오천축국전 집필　　　　　④ 화엄사상

5 다음의 역사적 사건이 일어난 순서대로 나열한 것은?

㉠ 무신정변	㉡ 위화도회군
㉢ 이자겸의 난	㉣ 귀주대첩
㉤ 개경환도	

① ㉣ - ㉢ - ㉤ - ㉠ - ㉡　　　② ㉣ - ㉢ - ㉠ - ㉤ - ㉡
③ ㉤ - ㉣ - ㉢ - ㉠ - ㉡　　　④ ㉤ - ㉣ - ㉠ - ㉢ - ㉡

6 이곳은 고려 시대에 송과 아라비아 상인 등이 드나들며 교역이 이루어진 국제 무역항으로 수도 개경과 가까운 예성강 하구에 위치해 있었다. 이곳은 어디인가?

① 의주　　　　　　　　　　　② 서경
③ 합포　　　　　　　　　　　④ 벽란도

7 다음 중 세종대왕의 명에 의해 장영실이 제작한 발명품을 고르면?

① 거북선　　　　　　　　　　② 신기전
③ 거중기　　　　　　　　　　④ 앙부일구

8 다음의 내용과 관련이 있는 나라는 어디인가?

> • 상가, 고추가 • 데릴사위제(서옥제)
>
> • 제가회의 • 추수감사제(동맹)

① 부여 ② 고구려

③ 동예 ④ 옥저

9 다음의 내용과 관계있는 인물은 누구인가?

> 금강삼매경론, 대승기신론소 등을 저술하여 불교를 이해하는 기준을 확립하였으며, 불교의 대중화에 공헌
> 하였다.

① 원효 ② 의상

③ 의천 ④ 지눌

10 다음 조선 중기 사화를 발생한 순서대로 나열한 것은 무엇인가?

> ㉠ 갑자사화
>
> ㉡ 기묘사화
>
> ㉢ 무오사화
>
> ㉣ 을사사화

① ㉠ - ㉡ - ㉢ - ㉣ ② ㉡ - ㉠ - ㉣ - ㉢

③ ㉢ - ㉠ - ㉡ - ㉣ ④ ㉢ - ㉠ - ㉣ - ㉡

11 다음 중 자연관광 자원으로 옳지 않은 것은?

① 동물

② 기후

③ 농장

④ 식물

12 다음 중 관광사업의 특성에 관한 내용으로 가장 옳지 않은 것은?

① 관광지의 입지 의존성이 크다.

② 사업 주체와 내용이 복합적이다.

③ 외부환경 변화에 민감하지 않다.

④ 무형의 서비스가 중요한 사업 요소이다.

13 다음 중 관광을 구성하는 3요소 중 '여행자'에 속하지 않는 것은 무엇인가?

① 일상적인 환경을 떠나 임시로 체류하며 즐김을 추구하는 사람

② 보상을 목적으로 기업 연수차 이동하는 사람

③ 체류지를 정하지 않고 단순히 통과만을 하는 사람

④ 스스로 이동하여 여행 목적을 가진 사람

14 다음 중 여행업에 관한 설명으로 가장 적절하지 않은 것은?

① 계약체결의 대리

② 여행 편의 제공

③ 농산물의 직거래

④ 시설 이용의 알선

15 다음 중 소비자가 식당에 들어가지 않고 자동차 안에서 음식을 주문하여 제공받는 방식을 무엇이라고 하는가?

① 드라이브 쓰루(drive through)

② 테이크아웃(take out)

③ 딜리버리 서비스(delivery service)

④ 바이킹(viking)

16 다음 중 블루오션 전략에서 활용되지 않는 것은?

① 새로운 수요 창출

② 가격의 파괴

③ 시장에 대한 분석 없이 제품을 출시

④ 경쟁의 회피

17 다음 중 인적자원 계획(HRM Planning)의 주요 목표로 가장 적절한 항목은?

① 해외로의 진출

② 상품 마케팅의 강화

③ 예산의 절감

④ 목표인력 수요의 예측

18 다음 중 e-Learning의 장점으로 가장 적절하지 않은 것은?

① 즉각적인 피드백

② 개인 주도의 학습 가능

③ 시간 및 장소의 유연성

④ 대면 교류의 강화

19 다음 중 관광자의 의사결정과정을 순서대로 옳게 나열한 것은 무엇인가?

> ㉠ 정보탐색
> ㉡ 문제인식
> ㉢ 대안평가
> ㉣ 대안선택
> ㉤ 선택 후 평가

① ㉠→㉡→㉢→㉣→㉤
② ㉠→㉡→㉣→㉢→㉤
③ ㉡→㉠→㉢→㉣→㉤
④ ㉡→㉠→㉣→㉢→㉤

20 다음 중 카지노를 중심으로 호텔, 컨벤션시설, 테마파크, 엔터테인먼트시설, 레스토랑, 쇼핑센터 등의 다양한 시설들이 동일 공간에 조성되어 있는 관광시설을 무엇이라고 하는가?

① 복합리조트
② 메가(Mega) 쇼핑몰
③ 관광특구
④ 디즈니월드

21 특정 상품의 가격을 저렴하게 책정함으로써 소비자들을 점포로 유인하여 다른 제품의 매출을 증가시키는 가격전략은 무엇인가?

① 가격층 전략
② 유통업자상표 가격전략
③ 재판매가격 유지전략
④ 손실유도 전략

22 다음 수요상황에 대한 마케팅 관리 방안으로 옳지 않은 것은?

① 부정적 수요 – 전환적 마케팅
② 잠재적 수요 – 자극적 마케팅
③ 불규칙적 수요 – 동시화 마케팅
④ 불건전한 수요 – 대항적 마케팅

23 한 소비자가 통상적으로 컴퓨터의 가격이 200만 원 정도로 알고 있을 때 250만 원의 컴퓨터를 알게 된다면 이 소비자는 컴퓨터의 가격이 비싸다고 생각하게 되는 것은 다음의 어떠한 가격전략에 해당한다고 볼 수 있는가?

① 이중요율

② 유보가격

③ 준거가격

④ 단수가격

24 체인본부가 주로 소매점포를 직영하되 가맹계약을 체결한 일부 소매점포에 대하여 상품의 공급 및 경영지도를 계속하는 형태의 체인사업은?

① 직영점형 체인사업

② 프랜차이즈형 체인사업

③ 임의가맹점형 체인사업

④ 조합형 체인사업

25 다음 중 확장제품에 해당하는 것은?

① 포장

② 상표

③ 스타일

④ 애프터서비스

26 다음에 제시된 마케팅믹스 요소 중 변경이 가장 쉬운 것은 무엇인가?

① 가격(price)

② 판매촉진(promotion)

③ 상품(product)

④ 유통(place)

27 다음 경로커버리지에 대한 내용 중 가장 거리가 먼 것은 무엇인가?

① 집약적 유통은 취급하는 제품에 대한 시장의 범위를 확대시키려는 전략이다.
② 선택적 유통의 경우에는 선매품에 적합한 전략이라 할 수 있다.
③ 소비재 중 하나인 편의품의 경우에는 전속적 유통에 속한다.
④ 집약적 유통의 경우에는 중간상 통제에 있어 어려움이 있다.

28 다음 촉진믹스 요소 중 PR(public relations)의 수단으로 옳지 않은 것은 무엇인가?

① 고객초청세미나
② 스폰서십
③ 홈페이지(homepage)
④ 보도자료

29 포지셔닝 분석 방법 중 제품 및 서비스가 가지고 있는 속성에 대해 고객이 선호하는 형태를 측정함으로써 그 고객이 어떤 제품을 선택할 것인지 예측하는 기법은?

① 소비자 설문조사법
② 잠재고객 의견조사법
③ 다차원 척도법
④ 컨조인트 분석

30 다음 중 비보완적인 대안 평가에 있어서 가장 중요한 속성 면에서 가장 우수한 브랜드를 고려하는 방법은?

① 결합형 방법
② 사전형 방법
③ 분리형 방법
④ 속성별 제거 방법

31 벌로(D. Berlo, 1960)는 일반적인 사회생활 과정에서 이루어지는 송신자로부터 수신자에게 의사소통을 위한 내용이 전달되는 과정과 요소를 제시하였는데, 다음 중 이에 대한 요소로 옳지 않은 것은?

① 메시지

② 송신자

③ 경로

④ 주변 상황과의 특수성 구분

32 다음 커뮤니케이션 유형 중 대인 커뮤니케이션에 대한 내용으로 옳지 않은 것은?

① 즉시적인 피드백의 양은 많다.

② 수용자들의 선별적인 노출의 정도는 많다.

③ 커뮤니케이션의 상황은 대면적이다.

④ 메시지의 흐름은 대체로 일방적이다.

33 커뮤니케이션의 기능에서 구성원들이 자신이 속한 집단이나 조직에서 이루어지는 고충, 기쁨, 만족감이나 불쾌감 등을 토로하며, 자신의 감정을 표출하고 다른 사람과의 교류를 넓혀나가는 것과 관련성이 높은 것은 무엇인가?

① 정보전달기능

② 정서기능

③ 동기유발기능

④ 통제기능

34 대인매력의 원리에 대한 이론을 설명한 내용 중 가장 바르지 않은 것은?

① 연합이론은 대다수의 사람들은 좋은 경험과 이에 관련되어 있는 사람들을 좋아하고 나쁜 경험과 관련되어있는 사람들을 싫어하므로, 함께 있을 때 나쁜 일이 생기는 사람보다 좋은 일이 생기는 사람에게 호감을 느끼게 된다는 것을 말한다.

② 형평이론은 상대방과 주고받는 것이 비슷할 시에 해당 관계에 대해서 만족하게 된다는 것을 의미한다.

③ 상호의존이론은 관계에 대한 만족 및 안정성의 결정요인이 같으며, 관계 만족의 결정기준은 비교의 수준으로 관계에서 얻는 이득이 비교 수준보다 낮은가에 의해 관계의 만족의 여부가 결정되며, 안정성의 결정기준은 대안 비교 수준으로 관계에 만족해도 대안에서 얻을 수 있는 이득이 더 낮다면 현재 관계를 청산하고, 만족하지 않아도 대인관계가 더 열악하다면 관계를 유지한다는 것을 말한다.

④ 사회교환이론은 사람들 간 친교 관계는 사람들이 상호작용할 때 발생하는 보상과 부담의 교환으로 설명될 수 있으며, 개인 간의 상호작용에 대한 선호는 극대 극소 원리를 따르며, 보상이 극대, 부담이 극소인 관계를 선호한다는 것이다. 즉, 서로 보상을 교환하는 과정에서 좋은 관계가 형성된다는 것을 말한다.

35 다음 중 이미지에 관한 설명으로 옳지 않은 것은?

① 이미지라는 것은 사람 또는 사물 등을 보았을 시에 느끼게 되는 감정, 단어, 느낌의 총합이라 할 수 있다.

② 통상적으로 대상에 대해 지니고 있는 선입견 또는 개념이라고 할 수 있다.

③ 대상에 대한 경험, 심리상황 등의 의해서 다르게 만들어지는 하나의 상(象)이라 할 수 있다.

④ 대상에 대해 지니게 되는 하나의 비준거 체계이다.

36 다음 프레젠테이션 과정 중 도입 부분에 관한 것으로 옳지 않은 것은?

① 전체 내용을 요약하여 청중들의 기억을 돕고 빠진 부분을 알게 해 주는 기회가 된다.

② 동기부여단계는 학습의 의욕을 불러일으키는 단계이다.

③ 주의집중 단계는 청중들에게 강의주제에 관해 주의를 끄는 단계로써 정확하게 전달하고 중요하게 느끼게 한다.

④ 학습자의 주의를 끌어 강의개요와 중요성, 학습자에게 왜 이익이 되는지를 알려줌으로써 마음을 열고 관심을 집중하게 한다.

37 청중의 심리 유형별 대응 방법에 관한 내용 중 보여 주는 것을 많이 하며, 결론을 빠르게 전달하는 형태는 무엇인가?

① 과묵형

② 자기 도취형

③ 권위형

④ 불만 표출형

38 비즈니스 프레젠테이션을 위한 스토리텔링은 평상 시에 주위 사람들하고 이야기하는 것과는 달라야 하는데, 이러한 효과적인 스토리텔링을 위한 구성요소로 옳지 않은 것은?

① 호혜성

② 진정성

③ 목적성

④ 데이터

39 다음은 고객의 범주 중 고객행동결과에 의한 구분의 내용이다. 이 중 옳지 않은 것은?

① 구매용의자 - 자사 상품을 구매할 능력이 있는 사람을 말한다.

② 구매가능자 - 자사 상품을 필요로 할 수 있으며, 구매능력이 있는 사람으로 이들은 이미 자사의 상품에 대한 정보를 갖고 있지 않다.

③ 최초 구매자 - 자사 상품을 1번 구매한 소비자로서 자사의 고객이 될 수도 있고 또는 경쟁사의 고객이 될 수 있는 사람이다.

④ 단골 고객 - 자사와의 지속적 유대관계를 가지고 있는 소비자로 이들은 경쟁사의 전략에 쉽게 빠져들지 않는다.

40 다음 중 컨벤션 (Convention)에 관한 내용으로 바르지 않은 것은?

① 글로벌 시대의 지식과 정보교류를 제도적으로 가능하게 하는 시스템이다.

② 컨벤션은 사회, 경제, 문화, 과학기술 등의 모든 영역에서 인적, 물적 교류를 추진한다.

③ 컨벤션 주최기구, 개최국가, 지역 등에 간접적인 이익이 발생한다.

④ 세계의 발전 및 평화증진, 국가위상의 제고에 기여한다.

41 전략사업단위 평가 모형인 BCG매트릭스에 대한 설명으로 옳지 않은 것은?

① 두 개의 축은 시장성장률과 상대적 시장점유율이다.

② 원의 크기는 해당 사업단위의 매출액을 나타낸다.

③ 고려변수 및 전략대안이 너무 단순하다는 비판을 받는다.

④ 바람직한 사업부의 이동경로는 물음표 → 자금젖소 → 별 → 개의 순서이다.

42 마이클 포터가 제시한 산업과 경쟁을 결정짓는 5가지 세력에 해당하지 않는 것은?

① 구매자 협상력

② 공급자 협상력

③ 보완재의 위협

④ 대체재의 위협

43 서비스품질(SERVQUAL)에 대한 설명 중 가장 거리가 먼 것은?

① 초기에 10가지 차원에서 서비스 품질 평가를 하도록 제시되었으나, 실증적 연구를 통해 유형성, 신뢰성, 반응성, 확신성, 공감성 등 5개 영역 차원으로 압축시켜 평가되고 있다.

② 측정 시 고객의 기대와 성과에 대한 차이가 크면 고객의 품질지각은 기대와 멀어지게 되고, 반대로 차이가 작으면 서비스 품질에 대한 평가가 낮아지게 된다.

③ 고객의 기대와 지각 간의 차이 점수를 이용하여 서비스 품질을 측정하는 것으로 이는 측정 도구로서 신뢰성과 타당성에 한계를 가져올 수 있다.

④ 측정방식은 소비자의 구매 의지를 정확하게 예측할 수 있는 예측능력이 결여되어 있다.

44 브레인스토밍을 활용한 의사결정 시 지켜야 할 규칙으로 옳지 않은 것은?

① 제안된 아이디어에 대해 절대 비판해서는 안 된다.

② 자유로운 아이디어를 환영한다.

③ 다량의 아이디어를 희망한다.

④ 의사결정 과정에 일체의 대화 없이 반복적인 피드백과 통계 처리에 의해 아이디어를 수렴해 나간다.

45 다음 중 고객이 서비스 제공자를 선택하는 기준으로 가장 옳지 않은 사항은?

① 개인화

② 이용 가능성

③ 복잡성

④ 편의성

46 서비스기업의 목표를 달성하기 위하여 기업의 미래 나아가야 할 방향, 자원의 확보, 자원의 분배를 결정하는 것을 무엇이라고 하는가?

① 서비스 마케팅

② 서비스 전략

③ 서비스 만족

④ 서비스 인적자원관리

47 다음 서비스 개념의 구성요소와 그 설명이 잘못 연결된 것은?

① 특수 시설 – 서비스가 제공되기 위해서는 미리 설치되어 있어야만 할 실체적 자원

② 명시적 서비스 – 서비스의 핵심적 또는 본질적 특성으로 구성되고, 감각으로 쉽게 관찰할 수 있는 혜택

③ 묵시적 서비스 – 서비스의 부가적 특성 또는 고객이 모호하게만 감지하는 심리적 특성

④ 이용 재화 – 구매자가 구매하거나 또는 소비하는 자재, 또는 고객에 의해 제공되는 품목

48 전략적 서비스 개념에 관한 내용 중 구조적 요소에 속하지 않는 것은?

① 위치

② 능력계획

③ 제공시스템

④ 서비스 접점

49 시장에서의 상품과 기업의 차별적인 위치를 설정하고 유지하는 과정을 무엇이라고 하는가?

① 서비스 품질화

② 서비스 개별화

③ 서비스 정위화

④ 서비스 총체화

50 정위화 전략 수립을 위한 각 요소와 그 설명의 연결이 옳지 않은 것은?

① 통합적 정위화 – 서비스 정위화가 전체 기업활동과 조화 및 균형을 이루어야 함

② 사실적 정위화 – 환경변화는 시장의 특성과 성격을 변화시키고 있으므로, 이러한 변화에 대처하기 위한 효과적인 정위화 전략 수립이 요구되는 것

③ 명시적 정위화 – 서비스 자체가 무형적 속성을 가짐으로 고객이 인식하기 어렵기 때문에 고객이 보다 쉽게 인식할 수 있는 구체적이고 가시적인 것을 정위화와 연계시켜야 함

④ 대조적 정위화 – 경쟁기업들의 서비스와 대비되어 독특한 차별성이 강조되도록 정위화되어야 함

---

1 직업기초능력평가

---

1 다음 글의 관점 A ~ C에 대한 평가로 적절한 것만을 고른 것은?

> 위험은 우리의 안전을 위태롭게 하는 실제 사건의 발생과 진행의 총체라고 할 수 있다. 위험에 대해 사람들이 취하는 태도에 대해서는 여러 관점이 존재한다.
>
> 관점 A에 따르면, 위험 요소들은 보편타당한 기준에 따라 계산 가능하고 예측 가능하기 때문에 객관적이고 중립적인 것으로 인식될 수 있다. 그 결과, 각각의 위험에 대해 개인이나 집단이 취하게 될 태도 역시 사고의 확률에 대한 객관적인 정보에 의해서만 결정된다. 하지만 이 관점은 객관적인 발생가능성이 높지 않은 위험을 민감하게 받아들이는 개인이나 사회가 있다는 것을 설명하지 못한다.
>
> 한편 관점 B는 위험에 대한 태도가 객관적인 요소뿐만 아니라 위험에 대한 주관적 인지와 평가에 의해 좌우된다고 본다. 예를 들어 위험이 발생할 객관적인 가능성은 크지 않더라도, 그 위험의 발생을 스스로 통제할 수 없는 경우에 사람들은 더욱 민감하게 반응한다. 그뿐만 아니라 위험을 야기하는 사건이 자신에게 생소한 것이어서 그에 대한 지식이 부족할수록 사람들은 그 사건을 더 위험한 것으로 인식하는 경향이 있다. 하지만 이것은 동일한 위험에 대해 서로 다른 문화와 가치관을 가지고 있는 사회 또는 집단들이 다른 태도를 보이는 이유를 설명하지 못한다.
>
> 이와 관련해 관점 C는 위험에 대한 태도가 개인의 심리적인 과정에 의해서만 결정되는 것이 아니라, 개인이 속한 집단의 문화적 배경에도 의존한다고 주장한다. 예를 들어 숙명론이 만연한 집단은 위험을 통제 밖의 일로 여겨 위험에 대해서 둔감한 태도를 보이게 되며, 구성원의 안전 문제를 다른 무엇보다도 우선시하는 집단은 그렇지 않은 집단보다 위험에 더 민간함 태도를 보이게 될 것이다.

> ㉠ 관점 A와 달리 관점 B는 위험에 대한 사람들의 태도가 객관적인 요소에 영향을 받지 않는다고 주장한다.
>
> ㉡ 관점 B와 관점 C는 사람들이 동일한 위험에 대해서 다른 태도를 보이는 사례를 설명할 수 있다.
>
> ㉢ 관점 A는 민주화 수준이 높은 사회일수록 사회 구성원들이 기후변화의 위험에 더 민감한 태도를 보인다는 것을 설명할 수 있지만, 관점 C는 그렇지 않다.

① ㉠

② ㉡

③ ㉠㉢

④ ㉡㉢

2 다음 글의 내용과 부합하지 않는 것은?

> 토크빌이 미국에서 관찰한 정치 과정 가운데 가장 놀랐던 것은 바로 시민들의 정치적 결사였다. 미국인들은 어려서부터 스스로 단체를 만들고 스스로 규칙을 제정하여 그에 따라 행동하는 것을 관습화해왔다. 이에 미국인들은 어떤 사안이 발생할 경우 국가기관이나 유력자의 도움을 받기 전에 스스로 단체를 결성하여 집합적으로 대응하는 양상을 보인다. 미국의 항구적인 지역 자치의 단위인 타운, 시티, 카운티조차도 주민들의 자발적인 결사로부터 형성된 단체였다.
>
> 미국인들의 정치적 결사는 결사의 자유에 대한 완벽한 보장을 기반으로 실현된다. 일단 하나의 결사로 뭉친 개인들은 언론의 자유를 보장받으면서 자신들의 집약된 견해를 널리 알린다. 이러한 견해에 호응하는 지지자들의 수가 점차 늘어날수록 이들은 더욱 열성적으로 결사를 확대해간다. 그런 다음에는 집회를 개최하여 자신들의 힘을 표출한다. 집회에서 가장 중요한 요소는 대표자를 선출하는 기회를 만드는 것이다. 집회로부터 선출된 지도부는 물론 공식적으로 정치적 대의제의 대표는 아니다. 하지만 이들은 도덕적인 힘을 가지고 자신들의 의견을 반영한 법안을 미리 기초하여 그것이 실제 법률로 제정되게끔 공개적으로 입법부에 압력을 가할 수 있다.
>
> 토크빌은 이러한 정치적 결사가 갖는 의미에 대해 독특한 해석을 펼친다. 그에 따르면, 미국에서는 정치적 결사가 다수의 횡포에 맞서는 보장책으로서의 기능을 수행한다. 미국의 입법부는 미국 시민의 이익을 대표하며, 의회 다수당은 다수 여론의 지지를 받는다. 이를 고려하면 언제든 '다수의 이름으로' 소수를 배제한 입법권의 행사가 가능해짐에 따라 입법 활동에 대한 다수의 횡포가 나타날 수 있다. 토크빌은 이러한 다수의 횡포를 제어할 수 있는 정치 제도가 없는 상황에서 소수 의견을 가진 시민들의 정치적 결사는 다수의 횡포에 맞설 수 있는 유일한 수단이라고 보았다. 더불어 토크빌은 시민들의 정치적 결사가 소수자들이 다수의 횡포를 견제할 수 있는 수단으로 온전히 가능하기 위해서는 도덕의 권위에 호소해야 한다고 보았다. 왜냐하면 힘이 약한 소수자가 호소할 수 있는 것은 도덕의 권위뿐이기 때문이다.

① 미국의 항구적인 지역 자치인 타운은 주민들의 자발적인 결사로부터 시작되었다.

② 미국에서는 정치적 결사를 통해 실제 법률로 제정되게끔 입법부에 압력을 가할 수 있다.

③ 토크빌에 따르면, 다수의 횡포를 견제하기 위해서는 소수자들의 정치적 결사가 도덕의 권위에 맞서야 한다.

④ 토크빌에 따르면, 미국에서는 소수를 배제한 다수의 이름으로 입법권의 행사가 이루어질 수 있다.

3 다음은 어떤 단어에 대한 창의적인 해석이다. 이에 해당하는 적절한 단어는?

> 자동차 내비게이션 속에 사는 여자의 이름.
> 경로를 이탈했습니다. 경로를 이탈했습니다. 경로를 이탈했습니다.
> 서너 번만 같은 말을 하고 나면 짜증이 날 법도 한데 한결같은 그 예쁘고 친절한 목소리로 경로를 재탐색하겠다고 한다.
> 인생길에도 같은 이름의 안내자가 필요하다.

① 적극성   ② 인내

③ 성실   ④ 창의

4 다음 서식을 보고 빈칸에 들어갈 알맞은 단어를 고른 것은?

납품(장착) 확인서

1. 제　　품　　명 : 슈퍼터빈(연료과급기)
2. 회　　사　　명 : 서원각
3. 사업자등록번호 : 123-45-67890
4. 주　　　　　　소 : 경기도 고양시 일산서구 가좌동 846
5. 대　　표　　자 : 정 확 한
6. 공 급 받 는 자 : (주) 소정 코리아
7. 납품(계약)단가 : 일금 이십육만원정(₩ 260,000)
8. 납품(계약)금액 : 일금 이백육십만원정(₩ 2,600,000)
9. 장착차량 현황

차종	연식	차량번호	사용연료	규격(size)	수량	비고
스타렉스			경유	72mm	4	
카니발			경유		2	
투싼			경유	56mm	2	
야무진			경유		1	
이스타나			경유		1	
합계					10	₩2,600,000

귀사 제품 슈퍼터빈을 테스트한 결과 연료절감 및 매연저감에 효과가 있으므로
당사 차량에 대해 (　　) 장착하였음을 확인합니다.

납　　품　　처 : (주)소정 코리아
사업자등록번호 : 987-65-43210
상　　　　호 : (주)소정 코리아
주　　　　소 : 서울시 강서구 가양동 357-9
대　　표　　자 : 장 착 해

① 일절　　　　　　　　　② 일체
③ 전혀　　　　　　　　　④ 반품

5 다음 글을 읽고 이 글을 뒷받침할 수 있는 주장으로 가장 적합한 것은?

X선 사진을 통해 폐질환 진단법을 배우고 있는 의과대학 학생을 생각해 보자. 그는 암실에서 환자의 가슴을 찍은 X선 사진을 보면서, 이 사진의 특징을 설명하는 방사선 전문의의 강의를 듣고 있다. 그 학생은 가슴을 찍은 X선 사진에서 늑골뿐만 아니라 그 밑에 있는 폐, 늑골의 음영, 그리고 그것들 사이에 있는 아주 작은 반점들을 볼 수 있다. 하지만 처음부터 그럴 수 있었던 것은 아니다. 첫 강의에서는 X선 사진에 대한 전문의의 설명을 전혀 이해하지 못했다. 그가 가리키는 부분이 무엇인지, 희미한 반점이 과연 특정질환의 흔적인지 전혀 알 수가 없었다. 전문의가 상상력을 동원해 어떤 가상적 이야기를 꾸며내는 것처럼 느껴졌을 뿐이다. 그러나 몇 주 동안 이론을 배우고 실습을 하면서 지금은 생각이 달라졌다. 그는 문제의 X선 사진에서 이제는 늑골 뿐 아니라 폐와 관련된 생리적인 변화, 흉터나 만성 질환의 병리학적 변화, 급성질환의 증세와 같은 다양한 현상들까지도 자세하게 경험하고 알 수 있게 될 것이다. 그는 전문가로서 새로운 세계에 들어선 것이고, 그 사진의 명확한 의미를 지금은 대부분 해석할 수 있게 되었다. 이론과 실습을 통해 새로운 세계를 볼 수 있게 된 것이다.

① 관찰은 배경지식에 의존한다.

② 과학에서의 관찰은 오류가 있을 수 있다.

③ 과학 장비의 도움으로 관찰 가능한 영역은 확대된다.

④ 관찰정보는 기본적으로 시각에 맺혀지는 상에 의해 결정된다.

6 어느 날 팀장이 다음 자료를 보여주면서 "올해 렌터카 회사와 계약을 하는데, 그 쪽에서 요금표를 보내 주었다."며 "6개월을 사용하면 어떻게 되는지 자네가 검토해서 퇴근 전에 구두로 보고해 달라."고 하신다. 귀하가 팀장에게 보고할 내용으로 가장 적합한 것은 무엇인가?

요금제	기본요금	추가요금
A	1개월 150,000원	초과 1개월당 100,000원
B	3개월 170,000원	초과 1개월당 200,000원

① 암산으로 계산해 보니 A요금은 600,000원, B요금은 800,000원이 나옵니다.

② 이면지에 계산해 보니 A요금이나 B요금이나 6개월 사용하면 똑같습니다.

③ 요금제를 검토해 보니 A요금이 B요금보다 저렴해서 A요금제를 추천합니다.

④ 계산기로 계산해 보니 A요금이 B요금보다 비싸서 B요금제로 추천합니다.

동아시아 삼국에 외국인이 집단적으로 장기 거주함에 따라 생활의 편의와 교통통신을 위한 근대적 편의시설이 갖춰지기 시작하였다. 이른바 문명의 이기로 불린 전신, 우편, 신문, 전차, 기차 등이 그것이다. 민간인을 독자로 하는 신문은 개항 이후 새롭게 나타난 신문물 가운데 하나이다. 신문(新聞) 혹은 신보(新報)라는 이름부터가 그렇다. 물론 그 전에도 정부 차원에서 관료들에게 소식을 전하는 관보가 있었지만 오늘날 우리가 사용하는 의미에서의 신문은 여기서부터 비롯된다.

1882년 서양 선교사가 창간한 「The Universal Gazette」의 한자 표현이 '천하신문'인 데서 알 수 있듯, 선교사들은 가제트를 '신문'으로 번역했다. 이후 신문이란 말은 "마카오의 신문지를 참조하라."거나 "신문관을 설립하자"는 식으로 중국인들이 자발적으로 활발하게 사용하기 시작했다.

상업이 발달한 중국 상하이와 일본 요코하마에서는 각각 1851년과 1861년 영국인에 의해 영자신문이 창간되어 유럽과 미국 회사들에 필요한 정보를 제공했고, 이윽고 이를 모델로 하는 중국어, 일본어 신문이 창간되었다. 상하이 최초의 중국어 신문은 영국의 민간회사 자림양행에 의해 1861년 창간된 「상하이신보」다. 거기에는 선박의 출입일정, 물가정보, 각종 광고 등이 게재되어 중국인의 필요에 부응했다. 이 신문은 'ㅇㅇ신보'라는 용어의 유래가 된 신문이다. 중국에서 자국인에 의해 발행된 신문은 1874년 상인 황타오에 의해 창간된 중국어 신문 「순후안일보」가 최초이다. 이것은 오늘날 '△△일보'라는 용어의 유래가 된 신문이다.

한편 요코하마에서는 1864년 미국 영사관 통역관이 최초의 일본어 신문 「카이가이신문」을 창간하면서 일본 국내외 뉴스와 광고를 게재했다. 1871년 처음으로 일본인에 의해 일본어 신문인 「요코하마마이니치신문」이 창간되었고, 이후 일본어 신문 창간의 붐이 있었다.

개항 자체가 늦었던 조선에서는 정부 주도하에 1883년 외교를 담당하던 통리아문 박문국에서 최초의 근대적 신문 「한성순보」를 창간했다. 그러나 한문으로 쓰인 「한성순보」와는 달리 그 후속으로 1886년 발행된 「한성주보」는 국한문혼용을 표방했다. 한글로 된 최초의 신문은 1896년 독립협회가 창간한 「독립신문」이다. 1904년 영국인 베델과 양기탁 등에 의해 「대한매일신보」가 영문판 외에 국한문 혼용판과 한글 전용판을 발간했다. 그밖에 인천에서 상업에 종사하는 사람들을 위한 정보를 알려주는 신문 등 다양한 종류의 신문이 등장했다.

① 중국 상하이와 일본 요코하마에서 창간된 영자신문은 서양 선교사들이 주도적으로 참여하였다.

② 개항 이전에는 관료를 위한 관보는 있었지만, 민간인 독자를 대상으로 하는 신문은 없었다.

③ 'ㅇㅇ신보'나 '△△일보'란 용어는 민간이 만든 신문들의 이름에서 기인한다.

④ 일본은 중국보다 자국인에 의한 자국어 신문을 먼저 발행하였다.

8 다음 글을 통해 알 수 없는 내용은?

희생제의란 신 혹은 초자연적 존재에게 제물을 바침으로써 인간 사회에서 발생하는 중요한 문제를 해결하려는 목적으로 이루어지는 의례를 의미한다. 이 제의에서는 제물이 가장 주요한 구성요소인데, 이때 제물은 제사를 올리는 인간들과 제사를 받는 대상 사이의 유대 관계를 맺게 해주어 상호 소통할 수 있도록 매개하는 역할을 수행한다.

희생제의의 제물, 즉 희생제물의 대명사로 우리는 '희생양'을 떠올린다. 이는 희생제물이 대게 동물일 것이라고 추정하게 하지만, 희생제물에는 인간도 포함된다. 인간 집단은 안위를 위협하는 심각한 위기 상황을 맞게 되면, 이를 극복하고 사회 안정을 회복하기 위해 처녀나 어린아이를 제물로 바쳤다. 이러한 사실은 인신공희(人身供犧) 설화를 통해 찾아볼 수 있다. 이러한 설화에서 인간들은 신이나 괴수에게 처녀나 어린아이를 희생제물로 바쳤다.

희생제의는 원시사회의 산물로 머문 것이 아니라 아주 오랫동안 동서양을 막론하고 여러 문화권에서 지속적으로 행해져 왔다. 이에 희생제의의 기원이나 형식을 밝히기 위한 종교현상학적 연구들이 시도되어 왔다. 그리고 인류학적 연구에서는 희생제의에 나타난 인간과 문화의 본질에 대한 탐색이 있어 왔다. 인류학적 관점의 대표적인 학자인 지라르는 「폭력과 성스러움」, 「희생양」 등을 통해 인간 사회의 특징, 사회 갈등과 그 해소 등의 문제를 '희생제의'와 '희생양'으로 설명했다.

인간은 끊임없이 타인과 경쟁하고 갈등하는 존재이다. 이러한 인간들 간의 갈등은 공동체 내에서 무차별적이면서도 심각한 갈등 양상으로 치닫게 되고 극도의 사회적 긴장 관계를 유발한다. 이때 다수의 사회 구성원들은 사회 갈등을 희생양에게 전이시켜 사회 갈등을 해소하고 안정을 되찾고자 하였다는 것이 지라르 논의의 핵심이다.

희생제의에서 희생제물로서 처녀나 어린아이가 선택되는 경우가 한국뿐 아니라 많은 나라에서도 발견된다. 처녀와 어린아이에게는 인간 사회의 세속적이고 부정적인 속성이 깃들지 않았다는 관념이 오래 전부터 지배적이었기 때문이다. 그러나 지라르는 근본적으로 이들이 희생제물로 선택된 이유를, 사회를 주도하는 주체인 성인 남성들이 스스로 일으킨 문제를 자신들이 해결하지 않고 사회적 역할 차원에서 자신들과 대척점에 있는 타자인 이들을 희생양으로 삼았기 때문인 것으로 설명하였다.

① 종교현상학적 연구는 인간 사회의 특성과 사회 갈등 형성 및 해소를 희생제의와 희생양의 관계를 통해 설명한다.

② 지라르에 의하면 다수의 사회 구성원들은 사회 갈등을 희생양에게 전이시킴으로써 사회 안정을 이루고자 하였다.

③ 희생제물을 통해 위기를 극복하고 사회의 안정을 회복하고자 한 의례 행위는 동양에 국한된 것이 아니다.

④ 지라르에 따르면 희생제물인 처녀나 어린아이들은 성인 남성들과 대척점에 있는 존재이다.

9 다음 글을 읽고 가장 옳게 말한 사람은?

바이러스의 감염방식은 두 가지인데 바이러스는 그들 중 하나의 감염방식으로 감염된다. 첫 번째 감염방식은 뮤-파지 방식이라고 불리는 것이고, 다른 하나는 람다-파지라고 불리는 방식이다. 바이러스 감염경로는 다양하다. 가령 뮤-파지 방식에 의해 감염되는 바이러스는 주로 호흡기와 표피에 감염되지만 중추신경계에는 감염되지 않는다. 반면 람다-파지 방식으로 감염되는 바이러스는 주로 중추신경계에 감염되지만 호흡기와 표피에 감염되는 종류도 있다.

바이러스의 형태는 핵산을 둘러싸고 있는 캡시드의 모양으로 구별하는데 이 형태들 중에서 많이 발견되는 것이 나선형, 원통형, 이십면체형이다. 나선형 바이러스는 모두 뮤-파지 방식으로 감염되고, 원통형 바이러스는 모두 람다-파지 방식으로 감염된다. 그러나 이십면체형 바이러스는 때로는 뮤-파지 방식으로, 때로는 람다-파지 방식으로 감염된다. 작년 가을 유행했던 바이러스 X는 이십면체형이 아닌 것으로 밝혀졌고, 람다-파지 방식으로 감염되었다. 올해 기승을 부리면서 우리를 위협하고 있는 바이러스 Y는 바이러스 X의 변종인데 그 형태와 감염방식은 X와 동일하다.

① 갑 : 바이러스 X는 원통형뿐이다.

② 을 : 바이러스 X는 호흡기에 감염되지 않는다.

③ 병 : 바이러스 Y는 호흡기에만 감염된다.

④ 정 : 바이러스 Y는 나선형이 아니다.

10 다음 글에 대한 설명으로 옳지 않은 것은?

(가) 남자는 여자보다 평균수명이 짧고 사망률도 전반적으로 높다. 남자는 각종 사고에 더 많이 노출되어 있고 살해당하거나 자살할 확률이 여자보다 거의 세 배나 높다. 동물과 마찬가지로 남자들이 짝을 얻기 위해 더 위험한 전략을 많이 구사하는 것이 그 원인이다. 이러한 경쟁 때문에 영원히 짝짓기에 실패하는 경우가 남자 쪽에 더 많이 나타난다. 어느 사회에서든 짝 없이 평생을 지내는 노총각이 노처녀보다 더 많다.

(나) 미국에서 1960년대 후반과 1970년대에 있었던 성해방 풍조하에서는 여성들이 성을 마음껏 표현하고 남자들의 맹세를 심각하게 요구하지 않으면서 성관계에 동의하는 현상을 보였다. 이때는 베이비붐 세대의 여자들에 해당하는 연상의 남자 수가 적었던 시기이다. 남자 수가 적은 짝짓기 환경에서 여자들은 건강을 유지하기 위해 노력을 더 많이 하고 자신의 성적 재산을 남자를 유혹하기 위해 기꺼이 내놓기도 하며 외모를 더 나아 보이게 하기 위해 치열하게 경쟁한다.

(다) 다수의 남자들이 소수의 여자들을 두고 경쟁해야 할 때는 상황이 여자에게 유리하게 바뀐다. 남자들은 매력적인 여자를 유혹하기 위해 재산을 모으려 노력하고 아버지가 되는 투자를 자청하게 되므로 결혼생활이 안정적으로 유지된다. 그러나 남자의 비율이 높다고 모든 상황이 여자에게 유리하게 되는 것은 아니다. 남자의 비율이 높으면 결혼한 여자들은 선택의 여지가 많아져서 가정을 떠나겠다는 위협이 더 큰 효력을 발휘하게 된다. 이는 남자들의 질투심을 자극하여 아내를 통제하기 위한 위협과 폭력, 그리고 자신의 짝을 유혹하려는 다른 남자에 대한 폭력을 증가시킨다.

(라) 여자들은 지위가 높고 재산이 많은 남자를 선호하기 때문에 젊은 남자들은 보통 여자의 공급이 부족한 세계에 살게 된다. 그래서 젊은 남자들은 성폭력이나 구타, 살인과 같은 위험한 전략을 구사하는 경우가 많다. 남자들이 이러한 위험을 잘 극복하고 재산과 지위를 가지게 되면 성비는 남자 쪽에 유리하게 된다. 그들이 선택할 수 있는 잠재적인 여자들의 집합도 커지고 짝짓기 시장에서의 그들의 가치도 올라가게 된다. 그들은 일시적인 연애나 혼외정사, 그리고 반복적인 결혼이나 일부다처제의 형식을 통해 다양한 짝을 유혹할 수 있게 된다. 그러나 어떤 연령대이든 짝으로서의 바람직한 자질을 갖추지 못한 남자들은 이러한 혜택을 얻지 못하거나 짝짓기에서 완전히 배제되기도 한다.

① (가)~(라)는 짝짓기를 위한 동성 간의 경쟁이 어떻게 전개되는지를 설명하고 있다.

② (나)~(라)는 수요와 공급의 원리에 근거하여 사회현상을 해석하고 있다.

③ (가), (다)는 짝짓기 경쟁으로 인하여 성비의 불균형이 발생한다고 보고 있고, (나), (라)는 성비의 불균형으로 인하여 짝짓기 경쟁이 발생한다고 보고 있다.

④ (가), (라)에서는 남자의 입장이, (나)에서는 여자의 입장이 강조되고 있다.

11 다음 논증에 대한 평가로 적절한 것만을 모두 고른 것은?

평범한 사람들은 어떤 행위가 의도적이었는지의 여부를 어떻게 판단할까? 다음 사례를 생각해보자.

사례 1 : "새로운 사업을 시작하면 수익을 창출할 것이지만, 환경에 해를 끼치게 될 것입니다."하는 보고를 받은 어느 회사의 사장은 다음과 같이 대답을 하였다. "환경에 해로운지 따위는 전혀 신경 쓰지 않습니다. 가능한 한 많은 수익을 내기를 원할 뿐입니다. 그 사업을 시작합시다." 회사는 새로운 사업을 시작하였고, 환경에 해를 입혔다.

사례 2 : "새로운 사업을 시작하면 수익을 창출할 것이고, 환경에 도움이 될 것입니다"라는 보고를 받은 어느 회사의 사장은 다음과 같이 대답하였다. "환경에 도움이 되는지 따위는 전혀 신경 쓰지 않습니다. 가능한 한 많은 수익을 내기를 원할 뿐입니다. 그 사업을 시작합시다." 회사는 새로운 사업을 시작했고, 환경에 도움이 되었다.

위 사례들에서 사장이 가능한 한 많은 수익을 내는 것을 의도했다는 것은 분명하다. 그렇다면 사례 1의 사장은 의도적으로 환경에 해를 입혔는가? 사례 2의 사장은 의도적으로 환경에 도움을 주었는가? 일반인을 대상으로 한 설문조사 결과, 사례 1의 경우 '의도적으로 환경에 해를 입혔다.'고 답한 사람은 82%에 이르렀지만, 사례 2의 경우 '의도적으로 환경에 도움을 주었다.'고 답한 사람은 23%에 불과하였다. 따라서 특정 행위 결과를 행위자가 의도했는가에 대한 사람들의 판단은 그 행위 결과의 도덕성 여부에 대한 판단에 의존한다고 결론을 내릴 수 있다.

㉠ 위 설문조사에 응한 사람들의 대부분이 환경에 대한 영향과 도덕성은 무관하다고 생각한다는 사실은 위 논증을 약화한다.

㉡ 위 설문조사 결과는, 부도덕한 의도를 가지고 부도덕한 결과를 낳는 행위를 한 행위자가 그런 의도 없이 같은 결과를 낳는 행위를 한 행위자보다 그 행위 결과에 대해 더 큰 도덕적 책임을 갖는다는 것을 지지한다.

㉢ 두 행위자가 동일한 부도덕한 결과를 의도했음이 분명한 경우, 그러한 결과를 달성하지 못한 행위자는 도덕적 책임을 갖지 않지만 그러한 결과를 달성한 행위자는 도덕적 책임을 갖는다고 판단하는 사람이 많다는 사실은 위 논증을 강화한다.

① ㉠

② ㉡

③ ㉠㉢

④ ㉡㉢

12 다음 글의 내용이 참일 때 반드시 참이라고 할 수 없는 것은?

> • 철이는 영이를 좋아하거나 돌이는 영이를 좋아하거나 석이가 영이를 좋아한다.
>   • 물론 철이, 돌이, 석이가 동시에 영이를 좋아할 수도 있고, 그들 중 어느 두 사람이 영이를 좋아할 수도 있다.
> • 다시 말해서 철이, 돌이, 석이 중 적어도 한 사람은 영이를 좋아한다.
> • 그런데 철이가 영이를 좋아한다면 영이는 건강한 여성임이 분명하다.
> • 그리고 돌이가 좋아하는 사람은 모두 능력이 있는 사람이다.
> • 영이가 원만한 성격의 소유자인 경우에만 석이는 영이를 좋아한다.

① 영이는 건강한 여성이거나 능력이 있거나 또는 원만한 성격의 소유자이다.

② 철이와 석이 둘 다 영이를 좋아하지 않는다면, 영이는 능력이 있는 사람이다.

③ 영이가 건강한 여성이 아니라면, 돌이는 영이를 좋아하거나 석이가 영이를 좋아한다.

④ 영이가 원만한 성격의 소유자라면, 철이와 돌이 둘 모두 영이를 좋아하지 않는다.

▌13~14 ▌ 甲은 일본 후쿠오카로 출장을 가게 되었다. 출장에서 들러야 할 곳은 지요겐초구치(H03), 무로미(K02), 후쿠오카공항(K13), 자야미(N09), 덴진미나미(N16)의 다섯 곳으로, 모든 이동은 지하철로 하는데 지하철이 한 정거장을 이동하는 데에는 3분이 소요되며 다른 노선으로 환승을 하는 경우에는 10분이 소요된다. 다음 물음에 답하시오.

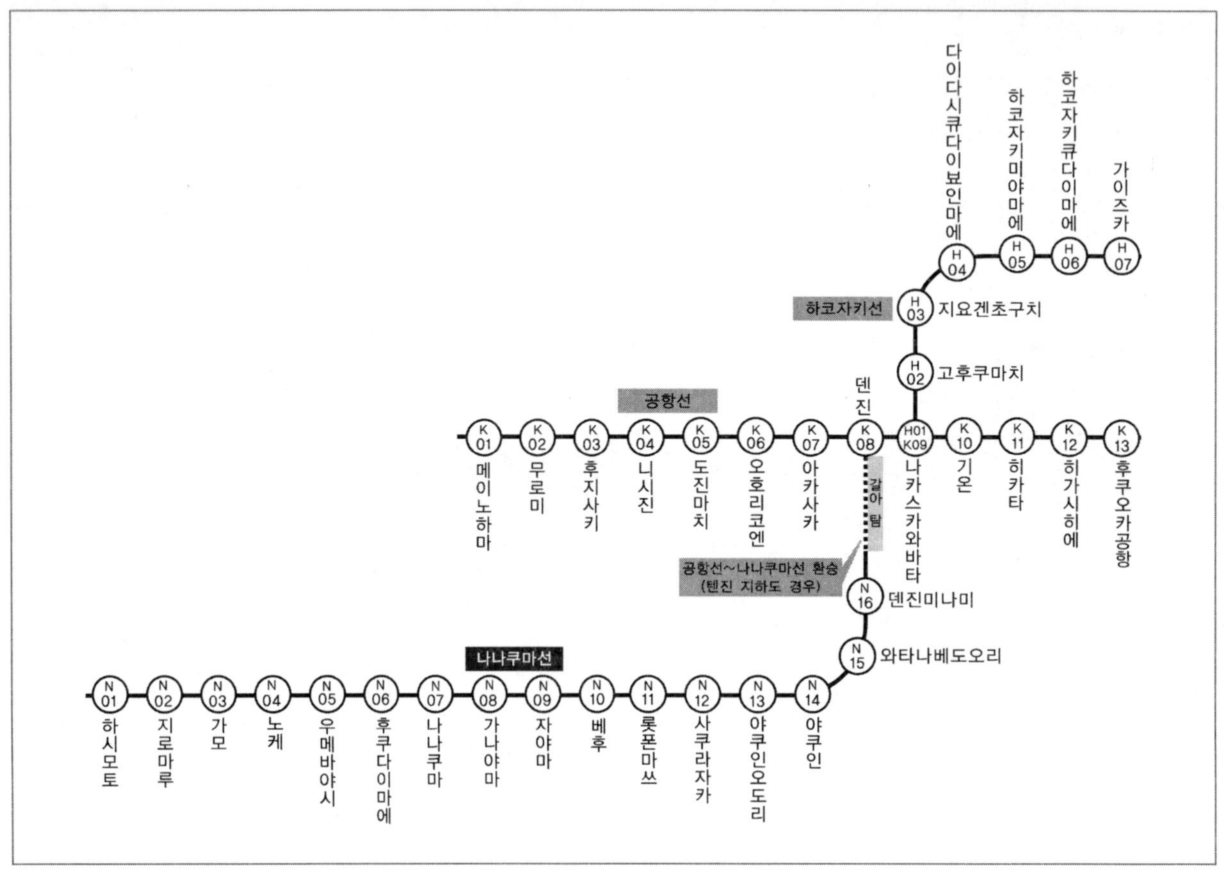

13 甲은 지금 후쿠오카공항역에 있다. 현재 시간이 오전 9시라면, 지요겐초구치역에 도착하는 시간은?

① 9시 25분

② 9시 28분

③ 9시 31분

④ 9시 34분

14 지요겐초구치 → 무로미 → 후쿠오카공항 → 자야미 → 덴진미나미의 순으로 움직인다면, 덴진역은 총 몇 번 지나는가?

① 1번

② 2번

③ 3번

④ 4번

15 G 음료회사는 신제품 출시를 위해 시제품 3개를 만들어 전직원을 대상으로 블라인드 테스트를 진행한 후 기획팀에서 회의를 하기로 했다. 독창성, 대중성, 개인선호도 세 가지 영역에 총 15점 만점으로 진행된 테스트 결과가 다음과 같을 때, 기획팀 직원들의 발언으로 옳지 않은 것은?

	독창성	대중성	개인선호도	총점
시제품 A	5	2	3	10
시제품 B	4	4	4	12
시제품 C	2	5	5	12

① 우리 회사의 핵심가치 중 하나가 창의성 아닙니까? 저는 독창성 점수가 높은 A를 출시해야 한다고 생각합니다.

② 독창성이 높아질수록 총점이 낮아지는 것을 보지 못하십니까? 저는 그 의견에 반대합니다.

③ 무엇보다 현 시점에서 회사의 재정상황을 타계하기 위해서는 대중성을 고려하여 높은 이윤이 날 것으로 보이는 C를 출시해야 하지 않겠습니까?

④ 그럼 독창성과 대중성, 개인선호도를 모두 고려하여 B를 출시하는 것이 어떻겠습니까?

‖16~17‖ 다음 5개의 팀에 인터넷을 연결하기 위해 작업을 하려고 한다. 5개의 팀 사이에 인터넷을 연결하기 위한 시간이 다음과 같을 때 제시된 표를 바탕으로 물음에 답하시오. (단, 가팀과 나팀이 연결되고 나팀과 다팀이 연결되면 가팀과 다팀이 연결된 것으로 간주한다)

구분	가	나	다	라	마
가	–	3	6	1	2
나	3	–	1	2	1
다	6	1	–	3	2
라	1	2	3	–	1
마	2	1	2	1	–

16 가팀과 다팀을 인터넷 연결하기 위해 필요한 최소의 시간은?

① 7시간   ② 6시간

③ 5시간   ④ 4시간

17 다팀과 마팀을 인터넷 연결하기 위해 필요한 최소의 시간은?

① 1시간   ② 2시간

③ 3시간   ④ 4시간

18 다음은 □□전자의 스마트폰 사용에 관한 조사 설계의 일부분이다. 본 설문조사의 목적으로 가장 적합하지 않은 것은?

---

1. 조사 목적

2. 과업 범위
① 조사 대상 : 서울과 수도권에 거주하고 있으며 최근 5년 이내에 스마트폰 변경 이력이 있고, 향후 1년 이내에 스마트폰 변경 의향이 있는 만 20~30세의 성인 남녀
② 조사 방법 : 구조화된 질문지를 이용한 온라인 조사
③ 표본 규모 : 총 1,000명

3. 조사 내용
① 시장 환경 파악 : 스마트폰 시장 동향 (사용기기 브랜드 및 가격, 기기사용 기간 등)
② 과거 스마트폰 변경 현황 파악 : 변경 횟수, 변경 사유 등
③ 향후 스마트폰 변경 잠재 수요 파악 : 변경 사유, 선호 브랜드, 변경 예산 등
④ 스마트폰 구매자를 위한 개선 사항 파악 : 스마트폰 구매자를 위한 요금할인, 사은품 제공 등 개선 사항 적용 시 스마트폰 변경 의향
⑤ 배경정보 파악 : 인구사회학적 특성 (연령, 성별, 거주 지역 등)

4. 결론 및 기대효과

---

① 스마트폰 구매자를 위한 요금할인 프로모션 시행의 근거 마련
② 평균 스마트폰 기기사용 기간 및 주요 변경 사유 파악
③ 광고 매체 선정에 참고할 자료 구축
④ 스마트폰 구매 시 사은품 제공 유무가 구입 결정에 미치는 영향 파악

19 다음은 H기업의 채용 시험에 응시한 최종 6명의 평가 결과를 나타낸 자료이다. 다음 중 응시자 A와 D의 면접 점수가 동일하며, 6명의 면접 평균 점수가 17.5점일 경우, 최종 채용자 2명 중 어느 한 명이라도 변경될 수 있는 조건으로 올바른 설명은 어느 것인가?

〈평가 결과표〉

응시자 \ 분야	어학	컴퓨터	실무	NCS	면접	평균
A	( )	14	13	15	( )	( )
B	12	14	( )	10	14	12.0
C	10	12	9	( )	18	11.8
D	14	14	( )	17	( )	( )
E	( )	20	19	17	19	18.6
F	10	( )	16	( )	16	( )
계	80	( )	( )	84	( )	( )
평균	( )	14.5	14.5	( )	( )	( )

※ 평균 점수가 높은 두 명을 최종 채용자로 결정함

① E의 '컴퓨터' 점수가 5점 낮아질 경우
② A의 '실무' 점수가 최고점, D의 '실무' 점수가 13점일 경우
③ F의 '어학' 점수가 최고점일 경우
④ B의 '실무'와 'NCS' 점수가 모두 최고점일 경우

20 김 과장은 다음 달로 예정되어 있는 해외 출장 일정을 확정하려 한다. 다음 상황의 조건을 만족할 경우 김 과장의 출장 일정에 대한 설명으로 올바른 것은 어느 것인가?

> 김 과장은 다음 달 3박 4일 간의 해외 출장이 계획되어 있다. 회사에서는 출발일과 복귀일에 업무 손실을 최소화할 수 있도록 가급적 평일에 복귀하도록 권장하고 있고, 출장 기간에 토요일과 일요일이 모두 포함되는 일정은 지양하도록 요구한다. 이번 출장에서는 매우 중요한 계약 건이 이루어져야 하기 때문에 김 과장은 출장 복귀 바로 다음 날 출장 결과 보고를 하고자 한다. 다음 달의 첫째 날은 금요일이며 마지막 주 수요일과 13일은 김 과장이 빠질 수 없는 회사 업무 일정이 잡혀 있다.

① 금요일에 출장을 떠나는 일정도 가능하다.
② 김 과장은 월요일이나 화요일에 출장 결과 보고를 할 수 있다.
③ 김 과장이 출발일로 잡을 수 있는 날짜는 모두 4개이다.
④ 김 과장은 마지막 주에 출장을 가게 될 수도 있다.

21 다음과 같은 입장에서 긍정의 대답을 할 질문으로 알맞은 것은?

> 기업의 존재는 공공적이며, 사회적 목표에 이바지하는 한에서 정당화된다. 기업이 성장하고 발전하는 것은 기업 혼자만의 힘이 아니므로, 일방적으로 이익을 추구해서는 안 되며 사회에 대해서도 일정한 책임을 져야 한다. 따라서 기업은 사회에 긍정적 영향을 미치는 다양한 활동들에 관심을 가지고 이를 지속적으로 실천해 나가야 한다.

① 기업 활동의 목적은 이윤 추구에 국한되어야 하는가?
② 기업의 이윤 추구와 사회적 책임의 실천이 병행되어야 하는가?
③ 기업은 공동선의 실현보다 경제적 효율성을 우선해야 하는가?
④ 재벌 기업의 사유화는 과연 옳은 길인가?

22 윤주는 인바운드 텔레마케팅의 팀장 직책을 맡고 있다. 우연히 신입직원 교육 중 윤주 자신의 신입사원 시절을 떠올리게 되었다. 아래의 내용 중 윤주가 신입사원 시절에 행한 전화매너로써 가장 옳지 않은 사항을 고르면?

① 전화가 잘못 걸려 왔을 시에도 불쾌하게 말하지 않는다.
② 용건을 마치면 인사를 하고 상대가 끊었는지의 여부와는 관계없이 끊는다.
③ 용건 시 대화 자료나 또는 메모도구 등을 항상 준비한다.
④ 자세는 단정하게 앉아서 통화한다.

23 빈 칸에 들어갈 말로 알맞은 것은?

> 우리는 고아들과 병든 노인들을 헌신적으로 돌보는 의사나 교육에 대한 긍지를 가지고 산골이나 도서 벽지에서 학생 지도에 전념하는 교사들의 삶을 가치 있는 삶이라고 생각한다. 왜냐하면 그들은 직업 생활을 통해 _______________을 살았기 때문이다.

① 희생과 헌신 속에서 보람을 느끼는 삶

② 직업에 귀천을 따지지 않는 삶

③ 자신의 전문성을 탁월하게 발휘하는 삶

④ 사회와 국가를 위해 자신을 포기하는 삶

24 다음의 사례를 보고 직업윤리에 벗어나는 행동을 바르게 지적한 것은?

> 직장 상사인 A는 항상 회사에서 주식이나 펀드 등 자신만의 사적인 업무로 대단히 분주하다. 사적인 업무의 성과가 좋으면 부하직원들에게 친절히 대하지만, 그렇지 않은 경우 회사의 분위기는 매우 엄숙해지고 부하직원을 호되게 꾸짖는다.

① 주식을 하는 A는 한탕주의를 선호하는 사람이므로 직업윤리에 어긋난다.

② 사무실에서 사적인 재테크를 하는 행위는 직업윤리에 어긋난다.

③ 작은 것의 소중함을 잃고 살아가는 사람이므로 직업윤리에 어긋난다.

④ 자신의 기분에 따라 사원들이 조심해야 하므로 직업윤리에 어긋난다.

25 상사의 실수로 인하여 영업상 큰 손해를 보게 되었다. 그런데 부하직원인 A에게 책임을 전가하려고 한다. 당신은 평소 A와 가장 가까운 사이이며 A는 이러한 상사의 행동에 아무런 대응도 하지 않고 있다. 이럴 때 당신의 행동으로 가장 적절한 것은?

① A에게 왜 아무런 대응도 하지 않는지에 대해 따지고 화를 낸다.

② 상사가 A에게 책임을 전가하지 못하도록 A를 대신하여 상사와 맞대응한다.

③ A에게 상사에게 맞대응하라고 적극적으로 부추긴다.

④ A에게 대응하지 않는 이유를 물어보고 A가 갖고 있는 어려움에 대해 의논하여 도움을 줄 수 있도록 한다.

26 당신은 설계부서에서 근무를 하고 있다. 최근 수주 받은 제품을 생산하기 위한 기계를 설계하던 중 클라이언트가 요청한 부품을 구매해 줄 것을 구매부서에 요청하였으나 구매부서 담당자는 가격이 비싸다는 이유로 그와 비슷한 저가의 부품을 구매해 주었다. 이러한 상황을 뒤늦게 당신이 알게 되었다. 당신이 취할 수 있는 가장 바람직한 행동은?

① 구매부서 팀장에게 항의를 하고 원하는 부품을 요구한다.

② 클라이언트에게 알리지 않고 저가의 부품을 그냥 사용한다.

③ 클라이언트에게 양해를 구한 후 구매부서를 설득하여 부품을 교환한다.

④ 구매부서의 이러한 행동을 그대로 상부에 보고한다.

27 A는 현재 한 기업의 경력 20년차 부장으로서 근무하고 있다. 최근 상부에서 기업문화 개선을 위한 방안으로 전화응대 시 서로 자신의 신분을 먼저 알리도록 하자는 지시사항이 내려왔다. 경력과 회사 내의 위치를 고려하였을 때, 전화 상대가 대부분 자신의 후배인 경우가 많은 A에게는 못마땅한 상황이다. 이러한 상황에서 A에게 해줄 수 있는 조언으로 가장 적절한 것은?

① 직장 내에서 전화를 걸거나 받는 경우 자신의 신분을 먼저 알리는 것은 부끄럽거나 체면을 구기는 일이 아니다. 또한 전화상대가 후배일 가능성만 높을 뿐, 선배일 수도 있고 외부 고객의 전화일 수도 있다.

② 전화응대 시 서로 자신의 신분을 먼저 알림으로써 친목도모 및 사내 분위기 향상의 효과가 있으며, 직원들 간의 원활한 의사소통에도 도움이 된다.

③ 비록 직급이 높은 간부들에게는 못마땅한 부분이 있을 수 있으나, 상부의 지시사항을 잘 이해함으로써 발생하는 부수적인 효과도 기대할 수 있다.

④ 상부의 지시사항이니 못마땅하더라도 따라야 한다. 후배들에게 모범이 되는 모습을 보여야 한다.

28 상사가 매일 같은 사무실에서 근무하는 동료의 외모를 비꼬아 농담을 던진다. 그런데 점점 더 수위가 높아지는 것을 알게 된 당신의 행동으로 가장 적절한 것은?

① 동료에게 조심히 성형수술을 제안한다.

② 상사의 단점을 파악하여 동료에게 알려준다.

③ 상사에게 동료에 대한 험담이 마음의 상처가 될 수 있다는 사실을 조심스럽게 전한다.

④ 그냥 무시한다.

29 회사 내에서 기업윤리 관련 업무를 담당하고 있는 당신은 상사로부터 회사 내 새로운 기업윤리 지침을 작성해보라는 지시를 받았다. 당신은 업무에 대한 근면성, 성실성, 책임성 등을 바탕으로 새로운 기업윤리 지침을 작성하였으며, 이에 대한 설명을 보충하기 위해 규정 위반 사례들을 모아 첨부하려고 한다. 다음 중 당신이 첨부할 위반 사례로 가장 적절한 것은?

① 출장 중에 회사 카드로 식사 및 숙박을 해결하는 행위

② 업무 중 모바일 메신저를 통하여 외부 사람에게 정보를 구하는 행위

③ 휴식 시간을 잘 지키지 않는 행위

④ 업무 외 시간에 불법상거래와 도박을 하는 행위

30 다음 대화의 빈칸에 들어갈 내용으로 적절하지 않은 것은?

교사 : '노블레스 오블리주'가 무슨 뜻인가요?

학생 : 사회 지도층이 공동체를 위해 지녀야 할 도덕성을 의미합니다.

교사 : 그렇다면 그 구체적인 예로 어떤 것이 있을까요?

학생 : _________________ 등이 있습니다.

① 법관이 은퇴한 후 무료 변호 활동을 하는 것

② 전문직 종사자가 사회에 대한 부채 의식을 버리는 것

③ 의사가 낙후된 지역에서 의료 봉사활동을 하는 것

④ 교수가 재능 기부에 참여하여 지식을 나누는 것

❙31~32❙ 다음에 나열된 숫자의 규칙을 찾아 빈칸에 들어가기 적절한 수를 고르시오.

31

$$\frac{1}{2} \quad \frac{1}{3} \quad \frac{2}{6} \quad \frac{3}{18} \quad (\quad) \quad \frac{8}{1944} \quad \frac{13}{209952}$$

① $\dfrac{8}{83}$　　　　　　　② $\dfrac{6}{91}$

③ $\dfrac{5}{108}$　　　　　　　④ $\dfrac{4}{117}$

32

$$\underline{1 \;\; 2 \;\; 6} \qquad \underline{2 \;\; 3 \;\; (\quad)} \qquad \underline{3 \;\; 4 \;\; 28}$$

① 8　　　　　　　② 9

③ 10　　　　　　　④ 11

33 현재 어머니의 나이는 아버지 나이의 $\dfrac{4}{5}$ 이다. 2년 후면 아들의 나이는 아버지의 나이의 $\dfrac{1}{3}$ 이 되며, 아들과 어머니의 나이를 합하면 65세가 된다. 현재 3명의 나이를 모두 합하면 얼마인가?

① 112세

② 116세

③ 120세

④ 124세

34 2진법의 수 10001과 5진법의 수 1220의 실제 수의 합은?

① 185

② 197

③ 202

④ 215

35 수지는 2017년 1월 1일부터 휴대폰을 개통하여 하루에 쓰는 통화요금은 1,800원이다. 3월 16일까지 사용한 양은 1,500분으로 총 135,000원이 누적되었을 때, 하루에 통화한 시간은?

① 10분

② 15분

③ 20분

④ 25분

36 8%의 소금물 150g에 소금 xg을 섞었더니 31%의 소금물이 되었다. 추가된 소금의 양은 얼마인가?

① 20g

② 30g

③ 40g

④ 50g

37 갑동이는 올해 10살이다. 엄마의 나이는 갑동이와 누나의 나이를 합한 값의 두 배이고, 3년 후의 엄마의 나이는 누나의 나이의 세 배일 때, 올해 누나의 나이는 얼마인가?

① 12세

② 13세

③ 14세

④ 15세

38 다음은 우리나라의 연도별 유소년 인구 및 생산연령 인구와 고령 인구의 비중 추이를 나타낸 자료이다. 다음 자료를 올바르게 이해하지 못한 설명은 어느 것인가?

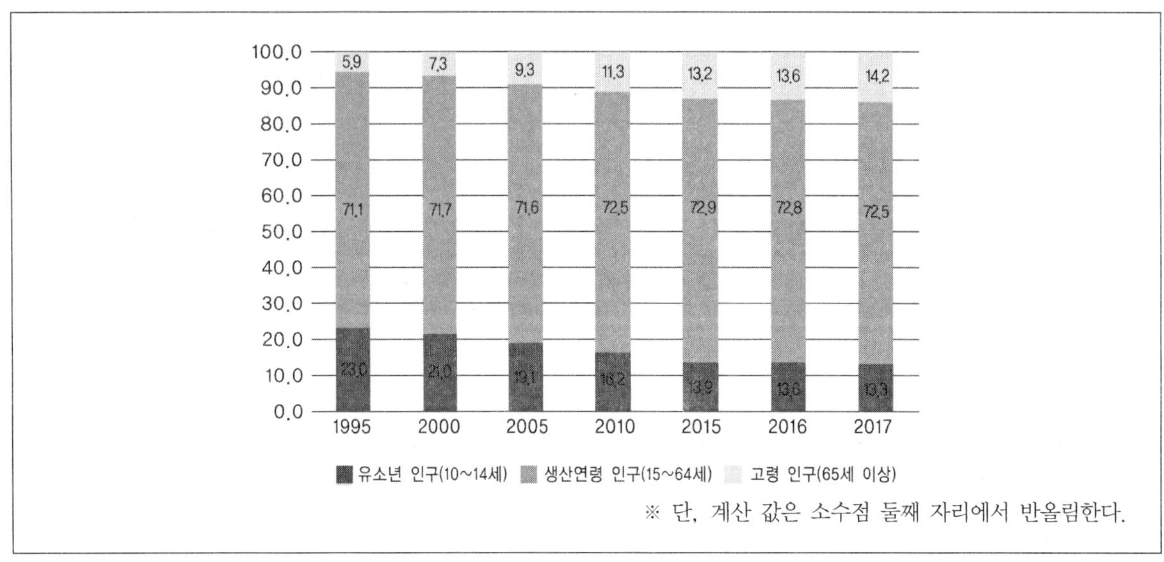

※ 단, 계산 값은 소수점 둘째 자리에서 반올림한다.

① 고령 인구 비중은 매년 꾸준히 증가하고 있다.

② 각 연령대의 인구 비중이 가장 높았던 해는 세 연령대 모두 다르다.

③ 유소년 인구 비중의 5년 전 대비 감소율은 2010년이 2015년보다 더 크다.

④ 유소년 인구와 생산연령 인구 비중의 연도별 증감 추이는 동일하다.

39 다음은 □□공사의 2018년도 열 판매량에 대한 자료이다. 이에 대한 설명으로 옳은 것을 고르면?

월별	열(Gcal)				
	주택용	업무용	공공용	냉수용	계
1월	2,473,846	286,021	59,522	8,541	2,827,929
2월	2,068,026	230,144	48,880	7,831	2,354,881
3월	1,357,206	125,591	30,745	9,693	1,523,235
4월	784,247	63,821	13,980	11,350	873,397
5월	452,393	63,493	11,209	19,413	546,508
6월	260,671	93,682	14,657	29,266	398,277
7월	197,904	150,497	24,161	42,638	415,200
8월	127,182	162,563	25,835	46,347	361,926
9월	236,296	77,769	11,691	19,666	345,422
10월	689,807	54,449	12,190	13,936	770,382
11월	1,210,779	107,506	28,310	10,031	1,356,626
12월	2,157,899	238,718	52,081	9,370	2,458,068
계	12,016,257	1,654,254	333,258	228,082	14,231,852

※ 상반기(1~6월), 하반기(7~12월) / 하계(6~8월), 동계(12~2월)

※ 단, 계산 값은 소수점 둘째 자리에서 반올림한다.

① 모든 월에서 업무용 열 판매량은 주택용 열 판매량보다 적다.

② 8월 냉수용 열 판매량의 전월 대비 증가율은 동월(同月) 공공용 열 판매량의 전월 대비 증가율보다 낮다.

③ 상반기의 업무용 열 판매량의 평균 판매량은 하반기의 업무용 열 판매량의 평균 판매량보다 많다.

④ 하계기간 냉수용 열 판매량의 총합은 동계기간 냉수용 열 판매량의 총합의 5배 이상이다.

40 A씨는 30 % 할인 행사 중인 백화점에 갔다. 매장에 도착하니 당일 구매물품의 정가 총액에 따라 아래의 〈혜택〉 중 하나를 택할 수 있다고 한다. 정가 10만 원짜리 상의와 15만 원짜리 하의를 구입하고자 한다. 옷을 하나 이상 구입하여 일정 혜택을 받고 교통비를 포함해 총비용을 계산할 때, 〈보기〉의 설명 중 옳은 것을 모두 고르면? (단, 1회 왕복교통비는 5천 원이고, 소요시간 등 기타사항은 금액으로 환산하지 않는다)

〈혜택〉

- 추가할인 : 정가 총액이 20만 원 이상이면, 할인된 가격의 5%를 추가로 할인
- 할인쿠폰 : 정가 총액이 10만 원 이상이면, 세일기간이 아닌 기간에 사용할 수 있는 40% 할인권 제공

〈보기〉

㉠ 오늘 상·하의를 모두 구입하는 것이 가장 싸게 구입하는 방법이다.
㉡ 상·하의를 가장 싸게 구입하면 17만 원 미만의 비용이 소요된다.
㉢ 상·하의를 가장 싸게 구입하는 경우와 가장 비싸게 구입하는 경우의 비용 차이는 1회 왕복 교통비 이상이다.
㉣ 오늘 하의를 구입하고, 세일기간이 아닌 기간에 상의를 구입하면 17만 5천 원이 든다.

① ㉠㉡ 　　　　　　② ㉠㉢

③ ㉡㉢ 　　　　　　④ ㉢㉣

41 다음 사례에서 유팀장이 부하직원들의 동기부여를 위해 행한 방법으로 옳지 않은 것은?

전자제품을 생산하고 있는 △△기업은 매년 신제품을 출시하는 것으로 유명하다. 그것도 시리즈 별로 하나씩 출시하기 때문에 실제로 출시되는 신제품은 1년에 2~3개가 된다. 이렇다 보니 자연히 직원들은 새로운 제품을 출시하고도 곧바로 또 다른 제품에 대한 아이디어를 내야하고 결국 이것이 스트레스로 이어져 업무에 대한 효율성이 떨어지게 되었다. 유팀장의 부하직원들 또한 이러한 이유로 고민을 하고 있다. 따라서 유팀장은 자신의 팀원들에게 아이디어를 하나씩 낼 때마다 게시판에 적힌 팀원들 이름 아래 스티커를 하나씩 붙이고 스티커가 다 차게 되면 휴가를 보내주기로 하였다. 또한 최근 들어 출시되는 제품들이 모두 비슷하기만 할 뿐 새로운 면을 찾아볼 수 없어 뭔가 혁신적인 기술을 제품에 넣기로 하였다. 특히 △△기업은 전자제품을 주로 취급하다 보니 자연히 보안에 신경을 쓸 수밖에 없었고 유팀장은 이 기회에 새로운 보안시스템을 선보이기로 하였다. 그리하여 부하직원들에게 지금까지 아무도 시도하지 못한 새로운 보안시스템을 개발해 보자고 제안하였고 팀원들도 그 의견에 찬성하였다. 나아가 유팀장은 직원들의 스트레스를 좀 더 줄이고 업무효율성을 극대화시키기 위해 기존에 유지되고 있던 딱딱한 업무환경을 개선할 필요가 있음을 깨닫고 직원들에게 자율적으로 출퇴근을 할 수 있도록 하는 한편 사내에 휴식공간을 만들어 수시로 직원들이 이용할 수 있도록 변화를 주었다. 그 결과 이번에 새로 출시된 제품은 △△기업 사상 최고의 매출을 올리며 큰 성과를 거두었고 팀원들의 사기 또한 하늘을 찌르게 되었다.

① 긍정적 강화법을 활용한다.

② 새로운 도전의 기회를 부여한다.

③ 지속적으로 교육한다.

④ 변화를 두려워하지 않는다.

42 다음 두 사례를 읽고 하나가 가지고 있는 임파워먼트의 장애요인으로 옳은 것은?

〈사례1〉

▽▽그룹에 다니는 민대리는 이번에 새로 입사한 신입직원 하나에게 최근 3년 동안의 매출 실적을 정리해서 올려달라고 부탁하였다. 더불어 기존 거래처에 대한 DB를 새로 업데이트하고 회계팀으로부터 전달받은 통계자료를 토대로 새로운 마케팅 보고서를 작성하라고 지시하였다. 하지만 하나는 일에 대한 열의는 전혀 없이 그저 맹목적으로 지시받은 업무만 수행하였다. 민대리는 그녀가 왜 업무에 열의를 보이지 않는지, 새로운 마케팅 사업에 대한 아이디어를 내놓지 못하는지 의아해 했다.

〈사례2〉

◆◆기업에 다니는 박대리는 이번에 새로 입사한 신입직원 희진에게 최근 3년 동안의 매출 실적을 정리해서 올려달라고 부탁하였다. 더불어 기존 거래처에 대한 DB를 새로 업데이트하고 회계팀으로부터 전달받은 통계자료를 토대로 새로운 마케팅 보고서를 작성하라고 지시하였다. 희진은 지시받은 업무를 확실하게 수행했지만 일에 대한 열의는 전혀 없었다. 이에 박대리는 그녀와 함께 실적자료와 통계자료들을 살피며 앞으로의 판매 향상에 도움이 될 만한 새로운 아이디어를 생각하여 마케팅 계획을 세우도록 조언하였다. 그제야 희진은 자신에게 주어진 프로젝트에 대해 막중한 책임감을 느끼고 자신의 판단에 따라 효과적인 해결책을 만들었다.

① 책임감 부족 ② 갈등처리 능력 부족

③ 경험 부족 ④ 제한된 정책과 절차

43 다음 사례에서 박부장이 취할 수 있는 행동으로 적절하지 않은 것은?

◆◆기업에 다니는 박부장은 최근 경기침체에 따른 회사의 매출부진과 관련하여 근무환경을 크게 변화시키기로 결정하였다. 하지만 그의 부하들은 물론 상사와 동료들조차도 박부장의 결정에 회의적이었고 부정적인 시각을 내보였다. 그들은 변화에 소극적이었으며 갑작스런 변화는 오히려 회사의 존립자체를 무너뜨릴 수 있다고 판단하였다. 하지만 박부장은 갑작스런 변화가 처음에는 회사를 좀 더 어렵게 할 수는 있으나 장기직으로 본다면 틀림없이 회사에 큰 장점으로 작용할 것이라고 확신하고 있었고 여기에는 전 직원의 협력과 노력이 필요하였다.

① 직원들의 감정을 세심하게 살핀다.

② 변화의 긍정적인 면을 강조한다.

③ 주관적인 자세를 유지한다.

④ 변화에 적응할 시간을 준다.

44 다음의 대화를 통해 알 수 있는 내용으로 가장 알맞은 것은?

> K팀장 : 좋은 아침입니다. 어제 말씀드린 보고서는 다 완성이 되었나요?
> L사원 : 예, 아직 완성을 하지 못했습니다. 시간이 많이 부족한 것 같습니다.
> K팀장 : 보고서를 작성하는데 어려움이 있나요?
> L사원 : 팀장님의 지시대로 하는데 어려움은 없습니다. 그러나 저에게 주신 자료 중 잘못된 부분이 있는
> 것 같습니다.
> K팀장 : 아. 저도 몰랐던 부분이네요. 잘못된 점이 무엇인가요?
> L사원 : 직접 보시면 아실 것 아닙니까? 일부러 그러신 겁니까?
> K팀장 : 아 그렇습니까?

① K팀장은 아침부터 L사원을 나무라고 있다.

② L사원은 K팀장과 사이가 좋지 못하다.

③ K팀장은 리더로서의 역할이 부족하다.

④ L사원은 팀원으로서의 팔로워십이 부족하다.

45 제약회사 영업부에 근무하는 U씨는 영업부 최고의 성과를 올리는 영업사원으로 명성이 자자하다. 그러나 그런 그에게도 단점이 있었으니 그것은 바로 서류 작업을 정시에 마친 적이 없다는 것이다. U씨가 회사로 복귀하여 서류 작업을 지체하기 때문에 팀 전체의 생산성에 차질이 빚어지고 있다면 영업부 팀장인 K씨의 행동으로 올바른 것은?

① U씨의 영업실적은 뛰어나므로 다른 직원에게 서류 작업을 지시한다.

② U씨에게 퇴근 후 서류 작업을 위한 능력을 개발하라고 지시한다.

③ U씨에게 서류작업만 할 수 있는 아르바이트 직원을 붙여준다.

④ U씨로 인한 팀의 분위기를 설명하고 해결책을 찾아보라고 격려한다.

46 다음 사례에서 팀원들의 긴장을 풀어주기 위해 나팀장이 취할 수 있는 행동으로 가장 적절한 것은?

나팀장이 다니는 ▷◁기업은 국내에서 가장 큰 매출을 올리며 국내 경제를 이끌어가고 있다. 그로 인해 임직원들의 연봉은 다른 기업에 비해 몇 배나 높은 편이다. 하지만 그만큼 직원들의 업무는 많고 스트레스 또한 다른 직장인들에 비해 훨씬 많다. 매일 아침 6시까지 출근해서 2시간 동안 회의를 하고 야근도 밥 먹듯이 한다. 이런 생활이 계속되자 갓 입사한 신입직원들은 얼마 못 가 퇴사하기에 이르고 기존에 있던 직원들도 더 이상 신선한 아이디어를 내놓기 어려운 실정이 되었다. 특히 오늘 아침에는 유난히 팀원들이 긴장을 하는 것 같아 나팀장은 새로운 활동을 통해 팀원들의 긴장을 풀어주어야겠다고 생각했다.

① 자신이 신입직원이었을 당시 열정적으로 일해서 성공한 사례들을 들려준다.

② 오늘 아침 발표된 경쟁사의 신제품과 관련된 신문기사를 한 부씩 나눠주며 읽어보도록 한다.

③ 다른 직장인들에 비해 자신들의 연봉이 높음을 강조하면서 조금 더 힘내 줄 것을 당부한다.

④ 회사 근처에 있는 숲길을 천천히 걸으며 잠시 일상에서 벗어날 수 있는 시간을 마련해 준다.

47 다음에서 설명하는 갈등해결방법은?

자신에 대한 관심은 낮고 상대방에 대한 관심은 높은 경우로, '나는 지고 너는 이기는 방법'이다. 주로 상대방이 거친 요구를 해오는 경우 전형적으로 나타난다.

① 회피형   ② 경쟁형

③ 수용형   ④ 타협형

48 다음 두 사례에서 <u>노드스트롬의 고객서비스 특징</u>으로 옳은 것은?

〈사례1〉

어느 날 한 노인이 노드스트롬에 타이어를 반품하러 왔다. 하지만 노드스트롬에서는 타이어를 판매하고 있지 않았고 그 노인이 가지고 온 것은 노드스트롬이 예전에 인수했던 가게에서 팔던 제품이었다. 타이어가 없었기 때문에 노인은 당연히 노드스트롬에 타이어를 반품할 수 없는 상황이었지만 노드스트롬의 직원은 흔쾌히 즉석에서 노인에게 타이어 값을 지불하였다. 직원은 그 노인이 이전 가게에서 타이어를 산 것인지 아니면 자신을 속이는 것인지 알 수 없었지만 자신의 판단으로 그 노인은 노드스트롬의 고객이었고 그렇기 때문에 환한 미소와 함께 반품 요청을 승인한 것이었다.

〈사례2〉

어느 날 오후 한 고객이 급하게 노드스트롬 매장을 찾았다. 그는 곧 중요한 회의가 있는데 갑자기 셔츠가 더러워져 새로 사러 왔다고 말하며 셔츠 하나를 골랐다. 그러자 노드스트롬의 직원은 즉시 새로 산 셔츠를 다림질해서 입을 수 있도록 마련하였다.

① 신규고객을 유치하기 위해 다양한 이벤트를 실시하고 있다.

② 고객이 물어보기 전에 고객이 원하는 것이 무엇인지 파악하고 그것을 실행한다.

③ 고객을 최우선으로 생각하며 각 직원들이 자신의 판단 하에 고객이 원하는 방향으로 서비스를 제공한다.

④ 불만 고객에 대한 사후 서비스가 철저하다.

49 다음 중 직업세계에서 맞이하는 변화의 상황들에 대해 효과적으로 대처하기 위한 전략으로 옳지 않은 것은?

① 빠른 변화 속에서 자신을 재충전할 시간과 장소를 마련한다.

② 의사결정은 되도록 최대한 시간을 두고 천천히 결정한다.

③ 의사소통을 통해 목표와 역할, 직원에 대한 기대를 명확히 한다.

④ 상황을 올바르게 파악해 제어할 수 있고 타협할 수 있는 부분을 정한다.

50 소규모조직에서 경험, 재능을 소유한 조직원이 있을 때 효과적인 리더십 유형은?

① 독재자 유형　　　　　　　② 민주주의 근접 유형

③ 파트너십 유형　　　　　　④ 변혁적 유형

1 다음의 역사적 사건이 일어난 순서는 어떻게 되는가?

㉠ 병자호란	㉡ 삼별초 항쟁
㉢ 한글 창제	㉣ 3 · 1운동
㉤ 갑오개혁	

① ㉠ – ㉡ – ㉢ – ㉣ – ㉤

② ㉡ – ㉠ – ㉢ – ㉣ – ㉤

③ ㉡ – ㉠ – ㉤ – ㉢ – ㉣

④ ㉢ – ㉠ – ㉤ – ㉡ – ㉣

2 다음의 설명에 대한 조선 후기 화가는 누구인가?

- 서민들의 일상 생활을 소박하고 익살스럽게 묘사
- 서당도, 씨름도 등

① 신윤복   ② 강세황

③ 장승업   ④ 김홍도

3 조선시대 궁궐로 1868년 경복궁이 다시 지어질 때까지 경복궁의 역할을 대체하여 임금이 거처하며 나라를 다스리는 정궁이 된 곳은 어디인가?

① 경복궁   ② 창덕궁

③ 창경궁   ④ 덕수궁

4 다음에서 설명하는 고려 말기의 세력은 누구인가?

- 지방의 중소지주층이나 향리 출신이 많았다.
- 성리학을 공부하여 과거를 통해 중앙관리로 진출하였다.
- 불교의 폐단을 지적하여 사회개혁을 적극적으로 주장하였다.

① 문벌귀족   ② 권문세족
③ 신진사대부   ④ 무인세력

5 다음 인물들이 살아온 시대 순으로 정리한 것으로 알맞은 것은?

㉠ 유관순   ㉡ 김유신
㉢ 왕건   ㉣ 정약용
㉤ 허준

① ㉡ - ㉢ - ㉤ - ㉣ - ㉠   ② ㉡ - ㉤ - ㉢ - ㉣ - ㉠
③ ㉡ - ㉤ - ㉢ - ㉠ - ㉣   ④ ㉢ - ㉣ - ㉤ - ㉠ - ㉡

6 1372년 백운화상이 선의 참뜻을 깨닫게 하려고 엮은 책으로 금속활자로 만든 세계 최초의 책의 이름은?

① 삼국유사   ② 팔만대장경
③ 삼국사기   ④ 직지심체요절

7 다음의 나라들이 건국된 순서대로 바르게 정렬한 것은 무엇인가?

㉠ 고조선   ㉡ 발해
㉢ 백제   ㉣ 고려
㉤ 조선

① ㉠ – ㉡ – ㉢ – ㉣ – ㉤   ② ㉠ – ㉡ – ㉢ – ㉤ – ㉣
③ ㉠ – ㉢ – ㉡ – ㉣ – ㉤   ④ ㉠ – ㉢ – ㉣ – ㉡ – ㉤

8 국보 제32호로 몽골이 고려를 침입하자 부처의 힘으로 몽골군을 물리치기 위해 만든 것은 무엇인가?

① 팔만대장경   ② 직지심경
③ 고려사절요   ④ 동사강목

9 이순신 장군이 승리한 해전이 아닌 것은?

① 옥포해전   ② 한산대첩
③ 명량해전   ④ 행주대첩

10 최씨 무신정권이 고용한 군인으로서 좌별초, 우별초, 신의군으로 구성된 것은 무엇인가?

① 별무반   ② 삼별초
③ 어영청   ④ 별기군

11 관광 매체 중에서 공간적 매체에 속하지 않는 것은?

① 호텔　　　　　　　　　　　② 선박

③ 철도　　　　　　　　　　　④ 항공

12 다음 중 국내 노인복지관광과 연관된 정책이 아닌 것은?

① 사회적 관광

② 노인 돌봄 여행 서비스

③ 슬로시티 관광

④ 문화누리카드 사업

13 다음 중 관광 활동이 지역사회에 미치는 경제적인 효과로 보기 가장 어려운 것은?

① 자본의 유출

② 물가의 안정

③ 고용의 창출

④ 지역 내 소득의 증가

14 다음 중 유형 자원보전에 중요한 전략으로 가장 적절한 것은?

① 대규모 호텔의 건설

② 생태관광의 장려

③ 해외관광의 촉진

④ 관광객 수의 무제한적인 수용

15 다음 관광 서비스 직무훈련에서 역할연기(Role-play)의 효과는 무엇인가?

① 성과에 대한 평가

② 업무에 대한 실전 감각 익히기

③ 이론 지식의 학습

④ 업무의 자동화

16 다음 중 관광정책의 주요 목표로 보기 가장 어려운 것은?

① 고용의 창출

② 외국인 관광객의 유치

③ 관광지 과밀화

④ 지역경제의 발전

17 다음 중 영화나 드라마의 내용 구성과 관련하여 의도적으로 특정한 상품을 노출하는 광고를 무엇이라고 하는가?

① PPL 광고

② pop-up 광고

③ contents 광고

④ banner 광고

18 UNWTO(세계관광기구)의 국제관광 통계 분류체계에서 비관광객으로 분류되는 것은 무엇인가?

① 크루즈 승객

② 24시간 이상 체재하는 관광객

③ 항공 통과여객

④ 비거주 승무원

19 다음 중 여행사의 의뢰를 받아 관광목적지의 지상부분을 전문으로 수배하고 관광목적지에 도착한 관광객들의 투어를 진행하는 여행사의 유형으로 적절한 것은?

① 종합여행사(Full Service Travel Agency)

② 도매여행사(Wholesaler)

③ 소매여행사(Retailer)

④ 지상수배여행사(Land Operator)

20 다음 중 호텔 인사 이동관리에 관한 내용으로 가장 적절하지 않은 것은?

① 대용승진이란 마땅한 승진 대상자가 없는 경우 다른 업무 담당자가 직책과 권한을 겸하는 승진이다.

② 이직의 부정적인 영향은 선발과 모집 비용의 증가, 조직 운용의 혼란, 조직구성원의 사기 저하이다.

③ 인사이동의 목적은 적재적소 배치 근로의욕 향상, 공정한 처우의 실현이다.

④ 배치전환(transfer)이란 종사원이 임금수준이나 지위, 기능 및 책임에서 수평적으로 인사이동 하는 것이다.

21 고객서비스의 주요 구성요소에는 거래 전 요소, 거래 중 요소, 거래 후 요소가 있다. 가장 올바르지 않은 것은?

① 거래 전 고객서비스 요소는 물적 유통과 직접적인 관련은 없지만 대고객 서비스 관점에서 상당히 중요한 역할을 한다.

② 거래 전 고객서비스 요소에는 주문 시스템의 정확성, 발주의 편리성 등을 들 수 있다.

③ 거래 중 고객서비스 요소는 물적 유통기능을 수행하는데 직접적으로 관련이 있는 고객서비스 변수로서, 예를 들어 상품 및 배달의 신뢰성 등을 말한다.

④ 거래 후 고객서비스 요소는 사용 중인 제품에 대한 지원과 관련된 고객서비스 변수를 말한다.

22 비교광고(Comparative Advertising)의 효과에 대한 설명 중 가장 거리가 먼 것은 무엇인가?

① 경쟁브랜드에 높은 선호도를 가진 소비자에게는 효과가 작다.

② 고관여 제품의 경우 비교광고의 새로운 내용이 소비자의 주의를 끄는데 더욱 효과적이므로 보다 적합하다.

③ 기존 제품에 비해 두드러진 장점을 가지고 있으나 아직 충분히 알려지지 않은 신규 브랜드에서 더욱 효과적이다.

④ 일반적으로 인지적이며 감정적인 동기가 동시에 일어날 때 그리고 소비자들이 세부적이며 분석적인 상태에서 광고를 처리하는 경우에 효과가 최상으로 발휘된다.

23 마케팅 활동을 올바로 이해하고 실행하는 데 필요한 마케팅의 다양한 개념들, 즉 마케팅 관리철학 혹은 지향성에 대한 설명 중 가장 올바르지 않은 것은?

① 일반적으로 마케팅개념의 발전단계는 생산개념, 제품개념, 판매개념, 마케팅개념 및 사회적 마케팅개념으로의 역사적 발전과정으로 설명하고 있다.

② 마케팅의 생산개념은 소비자들이 저렴하고 쉽게 구할 수 있는 제품을 선호하기 때문에, 생산과 유통의 효율성을 향상시키는데 주력해야 한다는 철학을 가지고 있다.

③ 소비자는 최고의 품질, 성능, 혁신적 특성을 가진 제품을 선호하기 때문에 지속적인 제품개선에 마케팅 전략의 초점을 맞추어야 한다는 주장이 바로 제품개념 마케팅관점이다.

④ 마케팅의 판매개념은 소비자 욕구, 기업의 목표, 소비자와 사회의 장기적 이익 간에 균형을 맞춘 현명한 마케팅 의사결정을 내림으로써 판매가 더욱 촉진될 수 있다고 보는 관점 및 철학이다.

24 제품전략에 대한 설명으로 가장 올바르지 않은 것은?

① 제품 라인은 유사 기능을 수행하거나, 동일 고객 집단에게 판매되거나, 동일 유통경로를 통해 판매되거나, 또는 비슷한 가격대에서 판매되는 등의 이유로 서로 밀접하게 관련된 제품들의 집합을 말한다.

② 제품 라인 길이는 제품 라인에 포함된 품목들의 수를 말하는 것으로 라인 내 브랜드의 총수와 각 제품들이 제공하는 품목들의 수를 포함한다.

③ 라인충원전략(line filing)이란 기존의 제품라인 범위 내에서 더 많은 품목들을 추가하는 것이고 라인 확대전략(line stretching)이란 현재의 가격대 이상으로 제품라인의 길이를 늘리는 것이다.

④ 몇 개의 제품 라인을 보유한 기업들은 제품믹스를 구성하는데 제품 포트폴리오란 특정 판매업자가 판매용으로 시장에 제공하는 제품 라인과 품목들을 합한 것을 말한다.

25 상품수명주기 이론상 상품의 성장기에 해당 기업이 취할 수 있는 보편적인 전략으로 가장 적합한 것은?

① 새로운 소비자를 찾거나 기존 소비자를 위한 제품의 새로운 용도를 개발한다.

② 기존 제품의 품질이나 특성 등을 수정하여 신규고객을 유인하거나 기존 고객의 사용 빈도를 늘인다.

③ 시장점유율을 증대시키기 위해 가능한 한 점포 수를 확장한다.

④ 판촉 활동의 강화에 주력한다.

26 무점포 소매업에 관한 설명 중 가장 올바르지 않은 것은?

① 모바일 커머스 거래는 이용자의 이동성과 위치정보를 정확히 알 수 있으므로 이용자의 원투원 마케팅과 타겟 마케팅이 가능하다.

② 아웃바운드 텔레마케팅은 불평 고객의 문제해결, 제품소개, 서비스의 예약이나 접수 등을 통해 고객에게 가치를 제공하는 기법이다.

③ 인터넷 쇼핑몰은 정보제공에 의한 판매가 이루어지는 형태로 유통경로가 짧고 단순하며 쌍방향 마케팅이 가능하다.

④ 카탈로그 판매는 지속적인 고객 데이터베이스 관리를 통해 통신판매를 선호하는 계층과 그들이 선호하는 제품들을 대상으로 하는 카탈로그 개발이 중요하다.

27 고객 접점(MOT : Moment of Truth)에 대한 설명 중 가장 옳지 않은 것은?

① 고객이 매장에 들어서서 구매를 결정하기까지 수 초 동안의 짧은 순간을 '진실의 순간' 또는 '결정적 순간'이라고 한다.

② '결정적 순간'이란 고객이 기업 조직의 어떠한 측면과 접촉하는 순간이며, 그 서비스의 품질에 관하여 무언가 인상을 얻을 수 있는 순간이다.

③ 서비스 상품을 구매하는 동안의 모든 고객 접점 순간을 관리하고 고객을 만족시켜 줌으로써 지속적으로 고객을 유지하고자 하는 방법이 고객 접점 마케팅이다.

④ 고객 접점에 있는 서비스요원은 책임과 권한을 가지고 고객의 선택이 가장 좋은 선택이었다는 사실을 고객에게 입증시켜야 한다.

28 인터넷상의 가격설정 전략에 관한 설명 중 가장 거리가 먼 것은?

① 기업은 마케팅 목표를 달성하기 위한 전체적인 전략을 개발하고 이 전략을 기초로 각 상품군이나 시장에 대한 가격전략을 개발하고 계획 및 조정해야 한다.

② 가격설정 전략에 영향을 미치는 요소는 마케팅 목표, 상품 원가, 상품 수요, 경쟁환경, 정부 규제의 영향 등을 들 수 있다.

③ 인터넷 상품의 가격 인하 압력요인으로 최저가격 검색 기능, 브랜드 확립 우선의 가격결정, 상품의 독자성, 인터넷 판매의 낮은 경비 등을 들 수 있다.

④ 인터넷 판매는 물류비 및 고객관리비용의 상승을 초래한다. 예를 들어 주문처리 비용의 상승, 재고비용의 상승, 높은 출점 비용과 유통센터 운영비용, 카탈로그 인쇄 및 광고 판촉물에 대한 배포 비용, 높은 고객서비스 비용 등을 들 수 있다.

29 브랜드 연상의 유형 중 제품속성과 직접적인 관련이 있는 것은?

① 브랜드 퍼스낼리티에 대한 연상

② 사용자에 관한 연상

③ 원산지와 관련된 연상

④ 제품범주에 대한 연상

30 고객관계관리(CRM)에 관한 설명 중 가장 올바르지 않은 것은?

① 기업 내부에 축적된 고객정보를 효과적으로 활용하여 고객과의 관계를 유지·확대·개선함으로써, 고객의 만족과 충성도를 제고하고, 기업 및 조직의 지속적인 운영·확장·발전을 추구하는 고객 관련 제반 프로세스 및 활동으로 정의할 수 있다.

② 한 번의 고객을 기업의 평생 고객으로 전환시켜 궁극적으로 기업의 장기적인 수익을 극대화하고자 하는 것이다. 즉 고객과의 관계를 바탕으로 하여 고객의 평생 가치를 극대화한다는 것을 의미한다.

③ 고객을 획득하고 유지하며 고객수익성을 향상시키기 위하여 지속적인 커뮤니케이션을 통해 고객 행위에 영향을 주는 모든 현상을 이해하기 위한 전사적 접근체계이다.

④ 운영적, 분석적 및 협업적 CRM으로 구성되며, 이들 중 운영적 CRM은 협업적 CRM에서 얻은 결과를 대고객 마케팅 활동에 직접 활용하여 고객과 기업 간의 상호작용을 촉진시키는 기능을 말한다.

31 아래의 그림과 같은 커뮤니케이션 네트워크 유형에 대한 설명으로 내용으로 가장 옳지 않은 것은?

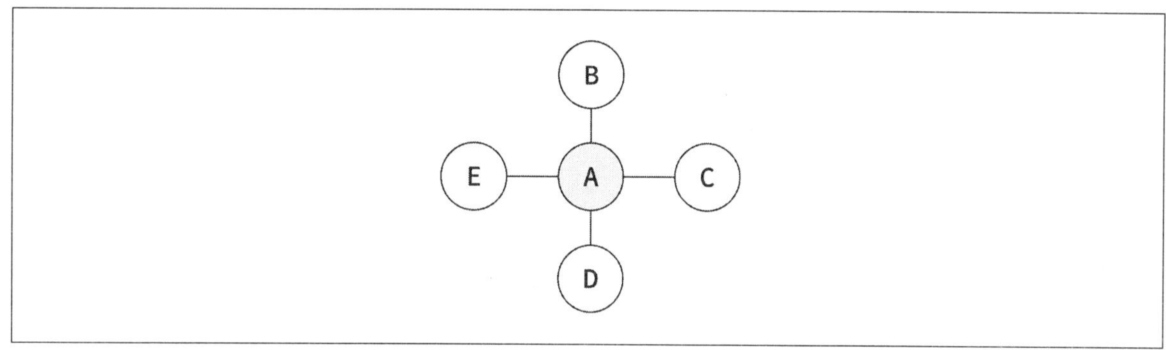

① 집단구성원 간 중심인물이 존재하고 있는 경우에 흔히 나타나는 구조이다.

② 구성원들의 정보전달이 어느 중심인물이나 집단의 지도자에게 집중되는 패턴이다.

③ 중심인물 등이 정보를 종합할 수 있기 때문에 문제해결 시 정확한 상황파악 및 신속한 문제해결이 이루어질 수 있는 이점이 있다.

④ 복잡한 문제이면서 어려운 경우에도 유효하다.

32 다음 중 커뮤니케이션에 대한 송신자의 장애요인으로 옳지 않은 것은?

① 대인 감수성의 부족　　　　　　　　② 선택적 청취

③ 준거 틀의 차이　　　　　　　　　　④ 커뮤니케이션 기술의 부족

33 심리학자 리건(Regan, 1971)에 따르면, 두 사람씩 짝을 지어 다양한 그림을 감상하고 그것을 평가하도록 요청하는 실험을 했는데 이 원리에 따르면, 사람은 타인이 나에게 베푼 호의를 그대로 갚아야 한다고 하는데, 이에 부합되는 원리를 무엇이라고 하는가?

① 일관성의 원리　　　　　　　　　　② 상호성의 원리

③ 사회적 증거 원리　　　　　　　　　④ 선택적 인식 원리

34 다음 비언어적 커뮤니케이션의 유형 중 신체언어에 속하지 않는 것은?

① 눈의 접촉
② 몸의 움직임
③ 얼굴 표정
④ 말의 속도

35 통상적으로 인상의 형성에 있어서 첫인상이 중요하다는 말로 표현되고 있는데, 이때의 첫인상은 추후에 들어오는 정보를 해석하는 기준으로 작용하게 된다. 이를 무엇이라고 하는가?

① 부정효과
② 긍정효과
③ 중간효과
④ 초두효과

36 다음은 설득의 기술 중 무엇에 대한 설명인가?

> 상대에 대한 따뜻한 배려는 상대의 마음을 열게 하고 이는 곧 내 자신의 편으로 만들 가능성이 높아지는 것이다.

① 역지사지(易地思之)
② 차분한 논리
③ 촌철살인(寸鐵殺人)
④ 이심전심(以心傳心)

37 다음은 감성지능 및 조직성과에 관한 내용이다. 이 중 가장 옳지 않은 것을 고르면?

① 감성은 업무 수행에 대한 동기를 유발시켜 직무에 대한 헌신 및 몰입을 하게 해 준다.
② 개인의 긍정적인 감성은 업무의 효율을 향상시켜서 직무에 대한 만족도를 높인다.
③ 여러 환경 (조직, 상하수직의 커뮤니케이션 등)으로 인해 구성원들의 감성을 긍정적으로 변환시킬 수 있다.
④ 감성은 동료 및 상사 간의 높은 신뢰를 형성하지 못하게 한다.

38 프레젠테이션 활용 분야 중 공개된 자리에서 청중들을 대상으로 사용하는 발표 형태로 가장 많이 사용되는 형태는 무엇인가?

① 교육용

② 업무 보고용

③ 발표용

④ 제안서

39 다음 중 상품의 구매 정도가 높은 고객의 순위를 순서대로 바르게 나열한 것은?

① 단골고객 (Client) > 고객 (Customer) > 골수단골고객 >손님 (Buyer) > 가망고객 > 잠재고객

② 골수단골고객 > 단골고객 (Client) > 고객 (Customer) >손님 (Buyer) > 가망고객 > 잠재고객

③ 고객 (Customer) > 손님 (Buyer) > 가망고객 > 단골고객 (Client) > 골수단골고객 > 잠재고객

④ 단골고객 (Client) > 골수단골고객 > 손님 (Buyer) > 고객 (Customer) > 가망고객 > 잠재고객

40 컨벤션의 형태별 분류에 속하는 내용 중 옳지 않은 것은?

① 패널 – 두 명 이상의 연사가 나와 자신의 의견을 피력하는 형태로 이루어진다.

② 심포지엄 – 포럼과 유사한 형식을 취하지만 포럼에 비해 비형식적이다.

③ 포럼 – 일반적으로 패널리스트나 연사의 주도하에 이루어지는 토론회이다.

④ 세미나 – 의견교환이 자유로우며, 토론 참석자 중 한 사람이 모임을 이끌어 간다.

41 서비스 시스템의 용량 또는 소비자의 도착률 등에 의해 수시로 다른 가격을 책정하는 서비스 가격 방식은 무엇인가?

① 차별 가격법

② 고정 가격법

③ 동적 가격법

④ 다중 가격법

42 서비스 매트릭스에서 항공사, 운송회사, 호텔 등이 포함되며, 마치 공장과 같이 매우 효율적으로 서비스를 생산하는 형태는?

① 전문 서비스

② 대량 서비스

③ 서비스 숍

④ 서비스 공장

43 다음 중 다양한 제품을 소량으로 생산하는 경우에 제품마다 각각 다른 공정의 흐름이 요구되는 경우에 활용되는 프로세스의 형태를 무엇이라고 하는가?

① 연속 프로세스

② 개별작업 프로세스

③ 라인 프로세스

④ 뱃치 프로세스

44 다음은 프로세스에 관한 용어를 설명한 것이다. 이 중 옳지 않은 것은?

① 서비스 능력(Capacity)은 시스템이 분주할 때를 기준으로 단위시간 당 산출의 크기를 말한다.

② 총 직접노동시간(Total direct labor content)은 모든 작업시간의 합을 말한다.

③ 사이클 타임(Cycle time)은 도착해서 나갈 때까지 프로세스 완료에 소요되는 시간을 말한다.

④ 병목작업(Bottleneck)은 실행하는데 가장 많은 시간이 소요되고 따라서 전체 흐름에서 서비스 라인의 능력을 제한하는 제품별 배치의 활동을 말한다.

45 다음 중 표준화 서비스 시스템에 관한 내용으로 옳지 않은 것은?

① 설비배치의 경우에 고객의 신체적, 심리적 요소 등을 고려하여 배치한다.

② 설비위치의 경우에 생산, 운송라인 등의 설비가 작업자의 주변에 위치한다.

③ 일정계획의 경우 서비스 구매 완료에 초점을 맞추고 있다.

④ 상품디자인의 경우 단순하고 규격화되어 있다.

46 다음은 분석 및 문제해결에 필요한 품질개선도구에 관련한 용어를 설명한 것이다. 이 중 가장 옳지 않은 것은?

① 히스토그램은 막대도표를 이용해 빈도 수의 분포를 나타낸 것으로 이는 일정기간 동안에 수집된 데이터를 보여 준다.

② 인과분석도는 문제의 발생 빈도수가 비교되도록 차례대로 늘어 놓아 개선 가능성이 가장 높은 문제부터 해결하려는 노력에 초점을 맞출 수 있도록 해 준다.

③ 점검표는 일정기간 동안 관찰된 사항을 기록한 표로 분석 및 문제 확인 작업착수에 필요한 자료의 출처를 의미한다.

④ 런 차트는 중요한 프로세스 변수들의 변화를 추적하는 도표로서 이는 추세, 변화, 또는 순환주기를 조사할 수 있다.

47 생산공정 및 제품이 고객에 인도되기 전에 품질수준을 충족시키지 못하여 발생하는 비용을 무엇이라고 하는가?

① 평가비용(appraisal cost)

② 예방비용(prevention cost)

③ 내부 실패비용(internal failure cost)

④ 외부 실패비용(external failure cost)

48 식스 시그마 활동을 총괄하는 경영진으로서 식스 시그마 프로젝트와 이를 실무적으로 책임지고 추진할 블랙벨트를 선정하고 식스 시그마 프로젝트가 성공할 수 있도록 후원자 역할을 하는 사람들을 지칭하는 것은?

① 블랙벨트   ② 챔피언

③ 그린벨트   ④ 마스터 블랙벨트

49 품질, 생산성, 원가 등과 관련된 문제를 해결하기 위해 모이는 작업자 그룹을 무엇이라고 하는가?

① 품질분임조   ② ZD 프로그램

③ 포카요케   ④ 싱고시스템

50 다음 중 SERVQUAL 모델에 입각한 품질결정요소에 해당하지 않는 것은?

① 확신성   ② 형평성

③ 대응성   ④ 신뢰성

1 **직업기초능력평가**

1 다음 글을 통해 추론할 수 있는 내용으로 가장 적절한 것은?

> 카발리는 윌슨이 모계 유전자인 mtDNA 연구를 통해 발표한 인류 진화 가설을 설득력 있게 확인시켜 줄 수 있는 실험을 제안했다. 만약 mtDNA와는 서로 다른 독립적인 유전자 가계도를 통해서도 같은 결론에 도달할 수 있다면 윌슨의 인류 진화에 대한 가설을 강화할 수 있다는 것이다.
>
> 이에 언더힐은 Y염색체를 인류 진화 연구에 이용하였다. 그가 Y염색체를 연구에 이용한 이유가 있다. 그것은 Y염색체가 하나씩 존재하는 특성이 있어 재조합을 일으키지 않고, 그 점은 연구 진행을 수월하게 하기 때문이다. 그는 Y염색체를 사용한 부계 연구를 통해 윌슨이 밝힌 연구결과와 매우 유사한 결과를 도출했다. 언더힐의 가계도도 윌슨의 가계도와 마찬가지로 아프리카 지역의 인류 원조 조상에 뿌리를 두고 갈라져 나오는 수형도였다. 또 그 수형도는 인류학자들이 상상한 장엄한 떡갈나무가 아니라 윌슨이 분석해 놓은 약 15만 년밖에 안 된 키 작은 나무와 매우 유사하였다.
>
> 별개의 독립적인 연구로 얻은 두 자료가 인류의 과거를 똑같은 모습으로 그려낸다면 그것은 대단한 설득력을 지닌다. mtDNA와 같은 하나의 영역만이 연구된 상태에서는 그 결과가 시사적이기는 해도 결정적이지는 않다. 그 결과의 양상은 단지 DNA의 특정 영역에 일어난 특수한 역사만을 반영하는 것일 수도 있기 때문이다. 하지만 언더힐을 Y염색체에서 유사한 양상을 발견함으로써 그 불완전성은 크게 줄어들었다. 15만 년 전에 아마도 전염병이나 기후 변화로 인해 유전자 다양성이 급격하게 줄어드는 현상이 일어났을 것이다.

① 윌슨의 mtDNA 연구결과는 인류 진화 가설에 대한 결정적인 증거였다.

② 부계 유전자 연구와 모계 유전자 연구를 통해 얻은 각각의 인류 진화 수형도는 매우 비슷하다.

③ 윌슨과 언더힐의 연구결과는 현대 인류 조상의 기원에 대한 인류학자들의 견해를 뒷받침한다.

④ 언더힐이 Y염색체를 인류 진화 연구에 이용한 것은 염색체 재조합으로 인해 연구가 쉬워졌기 때문이다.

2 다음 글을 통해 추론할 수 있는 것은?

'핸드오버'란 이동단말기가 이동함에 따라 기존 기지국에서 이탈하여 새로운 기지국으로 넘어갈 때 통화가 끊기지 않도록 통화 신호를 새로운 기지국으로 넘겨주는 것을 말한다. 이런 핸드오버는 이동단말기, 기지국, 이동전화교환국 사이의 유무선 연결을 바탕으로 실행된다. 이동단말기가 기지국에 가까워지면 그 둘 사이의 신호가 점점 강해지는데 반해, 이동단말기와 기지국이 멀어지면 그 둘 사이의 신호는 점점 약해진다. 이 신호의 세기가 특정값 이하로 떨어지게 되면 핸드오버가 명령되어 이동단말기와 새로운 기지국 간의 통화 채널이 형성된다. 이 과정에서 이동전화교환국과 기지국 간 연결에 문제가 발생하면 핸드오버가 실패하게 된다.

핸드오버는 이동단말기와 기지국 간 통화 채널 형성 순서에 따라 '형성 전 단절 방식'과 '단절 전 형성 방식'으로 구분될 수 있다. FDMA와 TDMA에서는 형성 전 단절 방식을, CDMA에서는 단절 전 형성 방식을 사용한다. 형성 전 단절 방식은 이동단말기와 새로운 기지국 간의 통화 채널이 형성되기 전에 기존 기지국과의 통화 채널을 단절하는 것을 말한다. 이와 반대로 단절 전 형성 방식은 이동단말기와 기존 기지국 간의 통화 채널이 단절되기 전에 새로운 기지국과의 통화 채널을 형성하는 방식이다. 이런 핸드오버 방식의 차이는 각 기지국이 사용하는 주파수 간 차이에서 비롯된다. 만약 각 기지국이 다른 주파수를 사용하고 있다면, 이동단말기는 기존 기지국과의 통화 채널을 미리 단절한 뒤 새로운 기지국에 맞는 주파수를 할당 받은 후 통화 채널을 형성해야 한다. 그러나 각 기지국이 같은 주파수를 사용하고 있다면, 그런 주파수 조정이 필요 없으며 새로운 통화 채널을 형성하고 나서 기존 통화 채널을 단절할 수 있다.

① 단절 전 형성 방식의 각 기지국은 서로 다른 주파수를 사용한다.

② 형성 전 단절 방식은 단절 전 형성 방식보다 더 빨리 핸드오버를 명령할 수 있다.

③ 이동단말기 A와 기지국 간 신호 세기가 이동단말기 B와 기지국 간 신호 세기보다 더 작다면 이동단말기 A에서는 핸드오버가 명령되지만 이동단말기 B에서는 핸드오버가 명령되지 않는다.

④ CDMA에서는 하나의 이동단말기가 두 기지국과 동시에 통화 채널을 형성할 수 있지만 FDMA에서는 그렇지 않다.

3 다음은 카지노 기구의 규격 및 기준 등에 관한 법의 내용이다. 다음 내용 중에서 잘못 쓰인 글자는 몇 개인가?

제25조(카지노 기구의 규격 및 기준 등)

㉠ 문화체육관광부 장관은 카지노업에 이용되는 기구(이하 "카지노 기구"라 한다)의 형상 · 구조 · 제질 및 성능 등에 관한 규격 및 기준(이하 "공인 기준 등"이라 한다)을 정하여야 한다.

㉡ 문화체육관광부 장관은 문화체육관광부령으로 정하는 바에 따라 문화체육관광부 장관이 지정하는 검사기관의 건정을 받은 카지노 기구의 규격 및 기준을 공인 기준 등으로 인정할 수 있다.

㉢ 카지노 사업자가 카지노 기구를 영업장소(그 부대시설 등을 포함한다)에 반입 · 사용하는 경우에는 문화체육관광부령으로 정하는 바에 따라 그 카지노 기구가 공인 기준 등에 맞는지에 관하여 문화체육관광부 장관의 검사를 받아야 한다.

㉣ ㉢에 따른 검사에 합격된 카지노 기구에는 문화체육관광부령으로 정하는 바에 따라 검사에 합격하였음을 증명하는 증명서(이하 "검사 합격 증명서"라 한다)를 붙이거나 표시하여야 한다.

① 1개 　　　　　　　　　② 2개
③ 3개 　　　　　　　　　④ 4개

4 다음 제시된 내용을 토대로 관광회사 직원들이 추론한 내용으로 가장 적합한 것은?

> 세계여행관광협의회(WTTC)에 따르면 2016년 전 세계 국내총생산(GDP) 총합에서 관광산업이 차지한 직접 비중은 2.7%이다. 여기에 고용, 투자 등 간접적 요인까지 더한 전체 비중은 9.1%로, 금액으로 따지면 6조 3,461억 달러에 이른다. 직접 비중만 놓고 비교해도 관광산업의 규모는 자동차 산업의 2배이고 교육이나 통신 산업과 비슷한 수준이다. 아시아를 제외한 전 대륙에서는 화학 제조업보다도 관광산업의 규모가 큰 것으로 나타났다.
>
> 서비스 산업의 특성상 고용을 잣대로 삼으면 그 차이는 더욱 더 벌어진다. 지난해 전세계 관광산업 종사자는 9,800만 명으로 자동차 산업의 6배, 화학 제조업의 5배, 광업의 4배, 통신 산업의 2배로 나타났다. 간접 고용까지 따지면 2억 5,500만 명이 관광과 관련된 일을 하고 있어, 전 세계적으로 근로자 12명 가운데 1명이 관광과 연계된 직업을 갖고 있는 셈이다. 이러한 수치는 향후 2~3년간은 계속 유지될 것으로 보인다. 실제 백만 달러를 투입할 경우, 관광산업에서는 50명분의 일자리가 추가로 창출되어 교육 부문에 이어 두 번째로 높은 고용 창출효과가 있는 것으로 조사되었다.
>
> 유엔세계관광기구(UNWTO)의 장기 전망에 따르면 관광산업의 성장은 특히 한국이 포함된 동북아시아에서 두드러질 것으로 예상된다. UNWTO는 2010년부터 2030년 사이 이 지역으로 여행하는 관광객이 연평균 9.7% 성장하여 2030년 5억 6,500명이 동북아시아를 찾을 것으로 전망했다. 전 세계 시장에서 차지하는 비율도 현 22%에서 2030년에는 30%로 증가할 것으로 예측했다.
>
> 그런데 지난해 한국의 관광산업 비중(간접 분야 포함 전체 비중)은 5.2%로 세계 평균보다 훨씬 낮다. 관련 고용자수(간접 고용 포함)도 50만 3,000여 명으로 전체의 2%에 불과하다. 뒤집어 생각하면 그만큼 성장의 여력이 크다고 할 수 있다.

① 갑 : 2016년 전 세계 국내총생산(GDP) 총합에서 관광산업이 차지한 직접 비중을 금액으로 따지면 2조 달러가 넘는다.

② 을 : 2015년 전 세계 통신 산업의 종사자는 자동차 산업의 종사자의 약 3배 정도이다.

③ 병 : 2017년 전 세계 근로자 수는 20억 명을 넘지 못한다.

④ 정 : 한국의 관광산업 수준이 간접 고용을 포함하는 고용 수준에서 현재의 세계 평균 수준 비율과 비슷해지려면 3백억 달러 이상을 관광 산업에 투자해야 한다.

5 다음 글의 밑줄 친 부분을 고쳐 쓰기 위한 방안으로 적절하지 않은 것은?

> 봉사는 자발적으로 이루어지는 것이므로 원칙적으로 아무런 보상이 주어지지 않는다. ㉠ 그리고 적절한 칭찬이 주어지면 자발적 봉사자들의 경우에도 더욱 적극적으로 활동하게 된다고 한다. ㉡그러나 이러한 칭찬 대신 일정액의 보상을 제공하면 어떻게 될까? ㉢오히려 봉사자들의 동기는 약화된다고 한다. 나는 여름방학 동안에 봉사활동을 많이 해 왔다. 왜냐하면 봉사에 대해 주어지는 금전적 보상은 봉사자들에게 그릇된 메시지를 전달하기 때문이다. 봉사에 보수가 주어지면 봉사자들은 다른 봉사자들도 무보수로는 일하지 않는다고 생각할 것이고 언제나 보수를 기대하게 된다. 보수를 기대하게 되면 그것은 봉사라고 하기 어렵다. ㉣즉, 자발적 봉사가 사라진 자리를 이익이 남는 거래가 차지하고 만다.

① ㉠은 앞의 문장과는 상반된 내용이므로 '하지만'으로 고쳐 쓴다.

② ㉡에서 만일의 상황을 가정하므로 '그러나'는 '만일'로 고쳐 쓴다.

③ ㉢'오히려'는 뒤 내용이 일반적 예상과는 다른 결과가 될 것임을 암시하는데, 이는 적절하므로 그대로 둔다.

④ ㉣의 '즉'은 '예를 들면'으로 고쳐 쓴다.

6 귀하는 정기간행물을 발간하는 중소기업에서 편집디자이너로 일하고 있다. 걸핏하면 "이건 당신의 책임 아니냐"고 질책하는 팀장으로 인해 스트레스가 쌓인 귀하는 어느 날 편집디자이너의 작업명세서라는 것을 뒤져보았더니 다음과 같은 책임이 있는 것으로 나왔다. 용기를 얻은 귀하는 자료를 근거로 팀장에게 소명하려고 하는데, 다음 중 귀하가 할 주장으로 가장 적절한 것은?

> **직무 수행에 있어서의 책임과 한계**
>
> 1. 컴퓨터 및 주변기기를 항상 최적의 상태로 유지관리하고, 소프트웨어의 오류에 의한 간단한 기기 고장은 보수하여야 한다.
> 2. 자재 및 소모품에 관한 관리를 철저히 하여 원가절감을 기하고, 제품의 불량이 발생할 경우 불량 원인을 분석하여 재발방지를 위한 대책을 세워야 한다.
> 3. 인쇄 공정 별 책임자의 작업 지시에 따라 수행하는 작업내용과 진행상황을 서류나 구두로 보고하고, 인쇄원고의 보관관리는 물론 기밀유지의 책임이 있다.
> 4. 컴퓨터, 주변기기, 각종 공구 등을 사용할 때 부주의로 인한 안전사고가 일어나지 않도록 각자가 조심하여야 하고, 공정 진행상의 주의 소홀로 야기되는 공정 지연 등이 되지 않도록 노력하여야 한다.
> 5. 오탈자에 대한 최종 교정책임을 진다.
> 6. 사진이 잘못 게재된 것에 대한 책임을 진다.

① 보세요. 초상권을 침해한 것은 사진사 잘못이지, 그게 왜 제 책임입니까?

② 보세요. 글 쓴 사람이 오탈자를 잡아야지, 제가 그런 것까지 할 여유가 어디 있습니까?

③ 보세요. 인쇄소로 넘겼으면 끝난 거지. 왜 제가 작업 진행까지 파악해야 합니까?

④ 보세요. 컴퓨터가 파손되었다고 저한테 말씀하시면 너무한 것 아닙니까?

7 다음 글을 논리적으로 바르게 배열한 것은?

> (개) 오늘날까지 인류가 알아낸 지식은 한 개인이 한 평생 체험을 거듭할지라도 그 몇 만분의 일도 배우기 어려운 것이다.
> (내) 가령, 무서운 독성을 가진 콜레라균을 어떠한 개인이 먹어 보아서 그 성능을 증명하려 하면, 그 사람은 그 지식을 얻기 전에 벌써 죽어 버리고 말게 될 것이다.
> (대) 지식은 그 종류와 양이 무한하다.
> (래) 또 지식 중에는 체험으로써 배우기에는 너무 위험한 것도 많다.
> (매) 그러므로 체험만으로써 모든 지식을 얻으려는 것은 매우 졸렬한 방법일 뿐 아니라, 거의 불가능한 일이라 하겠다.

① (다)(가)(라)(나)(마)

② (다)(라)(가)(나)(마)

③ (가)(다)(나)(마)(라)

④ (가)(나)(라)(마)(다)

8 다음 글을 읽고 바르게 추론한 것을 고르면?

> 청소년기에 또래집단으로부터의 압력은 흡연의 대표적인 원인이다. 우리나라 청소년의 대부분이 친구의 권유를 통해 처음 담배를 접하게 된다는 통계 결과가 이를 뒷받침한다. 청소년기의 흡연은 심각한 문제인데 한 통계에 따르면 우리나라 고등학생의 40%가 흡연을 경험하며 성인 흡연자의 대부분이 흡연을 시작한 시기가 청소년기라고 한다.
> 한편, 흡연행동과 그에 따른 니코틴 중독을 야기하는 유전적 원인에 초점이 모아지고 있다. 흡연에 관한 쌍둥이 연구자료, 유전자 조사기법 등을 종합한 연구에 의하면 흡연자와 비흡연자를 결정하는 중요한 원인 중 하나는 도파민이라는 신경전달물질을 생산하는 유전자와 관련이 있는 것으로 알려지고 있다. 도파민은 뇌의 쾌락중추를 자극하는 역할을 하는데 이 도파민이 많이 분비되는 유전자형을 가진 사람이 그렇지 않은 사람에 비해 흡연을 적게 한다는 증거가 있다.

① 우리나라 성인 흡연자의 40%는 청소년기에 흡연을 시작하였다.
② 폐암 발생률을 감소시키기 위해 금연 교육프로그램을 개발하여야 한다.
③ 청소년의 흡연율을 낮추면 성인 흡연율도 장기적으로 낮아질 가능성이 높다.
④ 도파민 분비를 억제시키는 약물을 개발한다면 금연에 도움을 줄 수 있을 것이다.

9 다음 글을 순서대로 바르게 배열한 것은?

> ㉠ 적응의 과정은 북쪽의 문헌이나 신문을 본다든지 텔레비전, 라디오를 시청함으로써 이루어질 수 있는 극복의 원초적 단계이다.
> ㉡ 이질성의 극복을 위해서는 이질화의 원인을 밝히고 이를 바탕으로 해서 그것을 극복하는 단계로 나아가야 한다. 극복의 문제도 단계를 밟아야 한다. 일차적으로는 적응의 과정이 필요하다.
> ㉢ 남북의 언어가 이질화되었다고 하지만 사실은 그 분화의 연대가 아직 반세기에도 미치지 않았고 맞춤법과 같은 표기법은 원래 하나의 뿌리에서 갈라진 만큼 우리의 노력 여하에 따라서는 동질성의 회복이 생각 밖으로 쉬워질 수 있다.
> ㉣ 문제는 어휘의 이질화를 어떻게 극복할 것인가에 귀착된다. 우리가 먼저 밟아야 할 절차는 이질성과 동질성을 확인하는 일이다.

① ㉡-㉠-㉢-㉣   ② ㉡-㉢-㉣-㉠
③ ㉢-㉣-㉡-㉠   ④ ㉣-㉡-㉢-㉠

10 다음 글을 읽고 '이것'에 대한 설명으로 가장 적절한 것은?

미국 코넬 대학교 심리학과 연구팀은 본교 32명의 여대생을 대상으로 미국의 식품산업 전반에 대한 의견 조사를 실시하였다. '텔레비전에 등장하는 음식 광고가 10년 전에 비해 줄었는지 아니면 늘었는지'를 중심으로 여러 가지 질문을 던졌다. 모든 조사가 끝난 후 설문에 참가한 여대생들에게 다이어트 여부에 대한 추가 질문을 하였다. 식사량에 신경을 쓰고 있는지, 지방이 많은 음식은 피하려고 노력하고 있는지 등에 대한 질문들이었다. 현재 다이어트에 신경 쓰고 있는 여대생들은 그렇지 않은 여대생보다 텔레비전의 식품 광고가 더 늘었다고 인식한 분석 결과가 나타났다. 이들은 서로 다른 텔레비전 프로그램을 봤기 때문일까? 물론 그렇지 않다. 이유는 간단하다. 다이어트를 하는 여대생들은 음식에 대한 '이것'으로 세상을 보고 있었기 때문이다.

코넬 대학교 연구팀은 미국의 한 초등학교 교사와 교직원을 대상으로 아동들이 직면하고 있는 위험 요소가 5년 전에 비하여 증가했는지 감소했는지 조사했다. 그런 다음 응답자들에게 신상 정보를 물었는데, 그 중 한 질문이 첫 아이가 태어난 연도였다. 그 5년 사이에 첫 아이를 낳은 응답자와 그렇지 않은 응답자의 위험 지각 정도를 비교했다. 그 기간 동안에 부모가 된 교사와 직원들이, 그렇지 않은 사람들에 비해 아이들이 직면한 위험 요소가 훨씬 더 늘었다고 답했다. 부모가 되는 순간 세상을 위험한 곳으로 인식하기 시작하는 것이다. 그런 이유로 이들은 영화나 드라마에 등장하는 'F'로 시작하는 욕도 더 예민하게 받아들인다. 이 점에 대해 저널리스트 엘리자베스 오스틴은 이렇게 지적한다. "부모가 되고 나면 영화, 케이블 TV, 음악 그리고 자녀가 없는 친구들과의 대화 중에 늘 등장하는 비속어에 매우 민감해진다." 이처럼 우리가 매일 보고 듣는 말이나 그 내용은 개개인의 '이것'에 의해 결정된다.

① 자기 자신의 관심에 따라 세상을 규정하는 사고방식이다.

② 자기 자신에 의존하여 자신이 모든 것을 결정하려고 하는 욕구이다.

③ 특정한 부분에 순간적으로 집중하여 선택적으로 지각하는 능력이다.

④ 어떤 일에 깊이 몰입해서 자기 자신을 분명하게 자각하려는 태도이다.

11 다음 글의 내용이 참일 때, 반드시 거짓인 것은?

> • 착한 사람들 중에서 똑똑한 여자는 모두 인기가 많다.
> • 똑똑한 사람들 중에서 착한 남자는 모두 인기가 많다.
> • "인기가 많지 않지만 멋진 남자가 있다"라는 말은 거짓이다.
> • 영희는 멋지지 않지만 똑똑한 여자이다.
> • 철수는 인기는 많지 않지만 착한 남자이다.
> • 여자든 남자든 당연히 사람이다.

① 철수는 똑똑하지 않다.

② 철수는 멋지거나 똑똑하다.

③ 똑똑하지만 멋지지 않은 사람이 있다.

④ "똑똑하지만 인기가 많지 않은 여자가 있다"라는 말이 거짓이라면, 영희는 인기가 많다.

12 다음에 설명하고 있는 문제해결 방법은?

> 상이한 문화적 배경을 가지고 있는 구성원을 가정하고, 서로의 생각을 직설적으로 주장하고 논쟁이나 협
> 상을 통해 서로의 의견을 조정해 가는 방법

① 소프트 어프로치　　　　　　　　② 하드 어프로치

③ 퍼실리테이션　　　　　　　　　　④ 3C 분석

13 甲회사 인사부에 근무하고 있는 H부장은 각 과의 요구를 모두 충족시켜 신규직원을 배치하여야 한다. 각 과의 요구가 다음과 같을 때 홍보과에 배정되는 사람은 누구인가?

〈신규직원 배치에 대한 각 과의 요구〉

• 관리과 : 5급이 1명 배정되어야 한다.
• 홍보과 : 5급이 1명 배정되거나 6급이 2명 배정되어야 한다.
• 재무과 : B가 배정되거나 A와 E가 배정되어야 한다.
• 총무과 : C와 D가 배정되어야 한다.

〈신규직원〉

• 5급 2명(A, B)
• 6급 4명(C, D, E, F)

---

① A와 B
② C와 D
③ D와 F
④ E와 F

【14~15】 다음은 ○○협회에서 주관한 학술세미나 일정에 관한 것으로 다음 세미나를 준비하는 데 필요한 일, 각각의 일에 걸리는 시간, 일의 순서 관계를 나타낸 표이다. 제시된 표를 바탕으로 물음에 답하시오. (단, 모든 작업은 동시에 진행할 수 없다)

■ 세미나 준비 현황

구분	작업	작업시간(일)	먼저 행해져야 할 작업
가	세미나 장소 세팅	1	바
나	현수막 제작	2	다, 마
다	세미나 발표자 선정	1	라
라	세미나 기본계획 수립	2	없음
마	세미나 장소 선정	3	라
바	초청자 확인	2	라

14 현수막 제작을 시작하기 위해서는 최소 며칠이 필요하겠는가?

① 3일　　　　　　　　　　　② 4일

③ 5일　　　　　　　　　　　④ 6일

15 세미나 기본계획 수립에서 세미나 장소 세팅까지 모든 작업을 마치는 데 필요한 시간은?

① 10일　　　　　　　　　　② 11일

③ 12일　　　　　　　　　　④ 13일

16 '가, 나, 다, 라, 마'가 일렬로 서있다. 아래와 같은 조건을 만족할 때, '가'가 맨 왼쪽에 서있을 경우, '나'는 몇 번째에 서있는가?

- '가'는 '다' 바로 옆에 서있다.
- '나'는 '라'와 '마' 사이에 서있다.

① 두 번째　　　　　　　　　② 세 번째

③ 네 번째　　　　　　　　　④ 다섯 번째

17 공연기획사인 A사는 이번에 주최한 공연을 보러 오는 관객을 기차역에서 공연장까지 버스로 수송하기로 하였다. 다음의 표와 같이 공연 시작 4시간 전부터 1시간 단위로 전체 관객 대비 기차역에 도착하는 관객의 비율을 예측하여 버스를 운행하고자 하며, 공연 시작 시간까지 관객을 모두 수송해야 한다. 다음을 바탕으로 예상한 수송 시나리오 중 옳은 것을 모두 고르면?

◳ 전체 관객 대비 기차역에 도착하는 관객의 비율

시각	전체 관객 대비 비율(%)
공연 시작 4시간 전	a
공연 시작 3시간 전	b
공연 시작 2시간 전	c
공연 시작 1시간 전	d
계	100

- 전체 관객 수는 40,000명이다.
- 버스는 한 번에 대당 최대 40명의 관객을 수송한다.
- 버스가 기차역과 공연장 사이를 왕복하는 데 걸리는 시간은 6분이다.

◳ 예상 수송 시나리오

㉠ $a = b = c = d = 25$라면, 회사가 전체 관객을 기차역에서 공연장으로 수송하는 데 필요한 버스는 최소 20대이다.

㉡ $a = 10$, $b = 20$, $c = 30$, $d = 40$이라면, 회사가 전체 관객을 기차역에서 공연장으로 수송하는 데 필요한 버스는 최소 40대이다.

㉢ 만일 공연이 끝난 후 2시간 이내에 전체 관객을 공연장에서 기차역까지 버스로 수송해야 한다면, 이때 회사에게 필요한 버스는 최소 50대이다.

① ㉠㉡   ② ㉡㉢

③ ㉠㉢   ④ ㉠㉡㉢

18 다음은 폐기물관리법의 일부이다. 제시된 내용을 참고할 때 옳은 것은?

제00조 이 법에서 말하는 폐기물이란 쓰레기, 연소재, 폐유, 폐알칼리 및 동물의 사체 등으로 사람의 생활이나 사업활동에 필요하지 않게 된 물질을 말한다.

제00조

① 도지사는 관할 구역의 폐기물을 적정하게 처리하기 위하여 환경부장관이 정하는 지침에 따라 10년마다 '폐기물 처리에 관한 기본계획'(이하 '기본계획'이라 한다)을 세워 환경부장관의 승인을 받아야 한다. 승인사항을 변경하려 할 때에도 또한 같다. 이 경우 환경부장관은 기본계획을 승인하거나 변경승인하려면 관계 중앙행정기관의 장과 협의하여야 한다.

② 시장·군수·구청장은 10년마다 관할 구역의 기본계획을 세워 도지사에게 제출하여야 한다.

③ 제1항과 제2항에 따른 기본계획에는 다음 각 호의 사항이 포함되어야 한다.

    1. 관할 구역의 지리적 환경 등에 관한 개황

    2. 폐기물의 종류별 발생량과 장래의 발생 예상량

    3. 폐기물의 처리 현황과 향후 처리 계획

    4. 폐기물의 감량화와 재활용 등 자원화에 관한 사항

    5. 폐기물처리시설의 설치 현황과 향후 설치 계획

    6. 폐기물 처리의 개선에 관한 사항

    7. 재원의 확보계획

제00조

① 환경부장관은 국가 폐기물을 적정하게 관리하기 위하여 전조 제1항에 따른 기본계획을 기초로 '국가 폐기물관리 종합계획'(이하 '종합계획'이라 한다)을 10년마다 세워야 한다.

② 환경부장관은 종합계획을 세운 날부터 5년이 지나면 그 타당성을 재검토하여 변경할 수 있다.

---

① 재원의 확보계획은 기본계획에 포함되지 않아도 된다.

② A도 도지사가 제출한 기본계획을 승인하려면, 환경부장관은 관계 중앙행정기관의 장과 협의를 거쳐야 한다.

③ 환경부장관은 국가 폐기물을 적정하게 관리하기 위하여 10년마다 기본계획을 수립하여야 한다.

④ B군 군수는 5년마다 종합계획을 세워 환경부장관에게 제출하여야 한다.

19 갑사, 을사, 병사는 A, B, C 3개 운동 종목에 대한 3사 간의 경기를 실시하였으며, 결과는 다음 표와 같다. 이에 대한 설명으로 올바르지 않은 것은? (단, 무승부인 경기는 없다고 가정한다)

구분	갑	을	병
A 종목	4승 6패	7승 3패	4승 6패
B 종목	7승 3패	2승 8패	6승 4패
C 종목	5승 5패	3승 7패	7승 3패

① 갑사가 병사로부터 거둔 A 종목 경기 승수가 1승뿐이었다면 을사는 병사에 압도적인 우세를 보였다.

② 을사의 B 종목 경기 8패가 나머지 두 회사와의 경기에서 절반씩 거둔 결과라면 갑사와 병사의 상대 전적은 갑사가 더 우세하다.

③ 갑사가 세 종목에서 거둔 승수 중 을사와 병사로부터 각각 적어도 2승 이상씩을 거두었다면, 적어도 을사는 병사보다 A 종목의, 병사는 을사보다 C 종목의 상대 전적이 더 우세하다.

④ 갑사는 C 종목에서 을사, 병사와의 상대 전적이 동일하여 우열을 가릴 수 없다.

20 다음 글의 내용과 날씨를 근거로 판단할 경우 甲이 여행을 다녀온 시기로 가능한 것은?

<내용>

- 甲은 선박으로 '포항 → 울릉도 → 독도 → 울릉도 → 포항' 순으로 3박 4일의 여행을 다녀왔다.
- '포항 → 울릉도' 선박은 매일 오전 10시, '울릉도 → 포항' 선박은 매일 오후 3시에 출발하며, 편도 운항에 3시간이 소요된다.
- 울릉도에서 출발해 독도를 돌아보는 선박은 매주 화요일과 목요일 오전 8시에 출발하여 당일 오전 11시에 돌아온다.
- 최대 파고가 3m 이상인 날은 모든 노선의 선박이 운항되지 않는다.
- 甲은 매주 금요일에 술을 마시는데, 술을 마신 다음날은 멀미가 심해 선박을 탈 수 없다.
- 이번 여행 중 甲은 울릉도에서 호박엿 만들기 체험을 했는데, 호박엿 만들기 체험은 매주 월·금요일 오후 6시에만 할 수 있다.

<날씨>

(㉙ : 최대 파고)

日	月	火	水	木	金	土
16	17	18	19	20	21	22
㉙ 1.0m	㉙ 1.4m	㉙ 3.2m	㉙ 2.7m	㉙ 2.8m	㉙ 3.7m	㉙ 2.0m
23	24	25	26	27	28	29
㉙ 0.7m	㉙ 3.3m	㉙ 2.8m	㉙ 2.7m	㉙ 0.5m	㉙ 3.7m	㉙ 3.3m

① 19일(水) ～ 22일(土)

② 20일(木) ～ 23일(日)

③ 23일(日) ～ 26일(水)

④ 25일(火) ～ 28일(金)

21 다음 대화의 빈칸에 들어갈 말로 가장 알맞은 것은?

> A : 공직자로서 갖추어야 할 가장 중요한 덕목은 무엇인가요?
> B : 공직자는 국민의 봉사자이므로 청렴이 가장 중요하다고 생각합니다.
> A : 그럼 경제적 사정이 어려운 친인척들이 공공 개발 계획의 정보를 미리 알려달라고 할 때에는 어떻게 해야 할까요?
> B : _______________________

① 국민의 요청이므로 알 권리를 충족시켜 주어야 합니다.

② 어려운 친인척들에게 경제적 이익을 주어야 합니다.

③ 정보를 알려주되 대가를 요구하지 않아야 합니다.

④ 사익을 배제하고 공명정대하게 행동해야 합니다.

22 다음 대화의 빈 칸에 들어갈 말로 알맞은 것은?

> A : 직업인으로서 지켜야 할 기본 윤리는 무엇인가요?
> B : 직업인이라면 일반적으로 정직과 성실, 신의, 책임, 의무 등의 덕목을 준수해야 합니다.
> A : 선생님께서 말씀하신 덕목은 모든 사람들에게 요구되는 윤리와 부합하는데, 그 이유는 무엇인가요?
> B : _______________________

> ㉠ 모든 직업인은 직업인이기 전에 인간이기 때문입니다.
> ㉡ 직업은 사회적 역할 분담의 성격을 지니고 있기 때문입니다.
> ㉢ 직장 생활에서 사람들과 관계를 맺어야 하기 때문입니다.
> ㉣ 특수한 윤리가 필요한 직업은 존재하지 않기 때문입니다.

① ㉠, ㉢

② ㉡, ㉣

③ ㉠, ㉡, ㉢

④ ㉠, ㉢, ㉣

23 ㈎의 입장에서 ㈏의 A에게 해야 할 충고로 알맞은 것은?

> ㈎ 한 집을 봉양하기 위해서만 벼슬을 구하는 것은 옳지 않다. 예로부터 지혜가 깊은 목민관은 청렴을 교훈으로 삼고, 탐욕을 경계하였다.
>
> ㈏ 공무원 A는 연고지의 재개발 업무를 담당하면서 관련 사업 내용을 미리 알게 되었다. 그는 이 내용을 친인척에게 제공하여 돈을 벌게 해주고 싶은 생각에 고민하고 있다.

① 어려움에 처한 친인척을 우선적으로 도와야 한다.

② 시민의 재산권보다 업무 성과를 더 중시해야 한다.

③ 공직 생활로 얻은 재물을 사회에 환원해야 한다.

④ 업무 수행에서 얻은 정보는 공동선을 위해 사용해야 한다.

24 유명 외국계회사와 합병이 되면서 약 1년간 해외에서 근무할 직원으로 옆자리의 동료가 추천되었다. 그러나 해외에서의 업무가 당신의 경력에 도움이 많이 될 것 같아 해외근무를 희망하고 있던 중이었다. 당신의 행동으로 가장 적절한 것은?

① 상사에게 단도직입적으로 해외근무에 대한 강한 의지를 표명한다.

② 동료를 강제로 협박하여 해외근무를 포기하게끔 한다.

③ 동료에게 양해를 구하고 회사 내규에 따라 자신이 추천받을 수 있는 방법을 찾는다.

④ 운명이라 생각하고 그냥 체념한다.

25 당신은 새로운 통신망의 개발을 위한 프로젝트에 합류하게 되었는데, 이 개발을 위해서는 마케팅 부서의 도움이 절실히 필요하다. 그러나 귀하는 입사한 지 얼마 되지 않았기 때문에 마케팅 부서의 사람들을 한 명도 제대로 알지 못한다. 이런 상황을 아는지 모르는지 팀장은 귀하에게 이 개발의 모든 부분을 일임하였다. 이럴 때 당신의 행동으로 가장 적절한 것은?

① 팀장에게 다짜고짜 프로젝트를 못하겠다고 보고한다.

② 팀장에게 자신의 상황을 보고한 후 마케팅 부서의 도움을 받을 수 있는 방법을 찾는다.

③ 마케팅 부서의 팀장을 찾아가 도와달라고 직접 부탁한다.

④ 회사 외부에서 마케팅에 대해 도움을 받을 수 있는 곳을 알아본다.

26 A사에 입사한 원모는 근무 첫날부터 지각을 하는 상황에 놓이게 되었다. 급한 마음에 계단이 아닌 엘리베이터를 이용하게 되었고 다행히도 지각을 면한 원모는 교육 첫 시간에 엘리베이터 및 계단 이용에 관한 예절 교육을 듣게 되었다. 다음 중 원모가 수강하고 있는 엘리베이터 및 계단 이용 시의 예절 교육에 관한 내용으로써 가장 옳지 않은 내용을 고르면?

① 방향을 잘 인지하고 있는 여성 또는 윗사람과 함께 엘리베이터를 이용할 시에는 여성이나 윗사람이 먼저 타고 내려야 한다.

② 엘리베이터의 경우에 버튼 방향의 뒤 쪽이 상석이 된다.

③ 계단의 이용 시에 상급자 또는 연장자가 중앙에 서도록 한다.

④ 안내여성은 엘리베이터를 탈 시에 손님들보다는 나중에 타며, 내릴 시에는 손님들보다 먼저 내린다.

27 다음 지문의 빈칸에 들어갈 알맞은 것을 〈보기〉에서 고른 것은?

> 기업은 합법적인 이윤 추구 활동 이외에 자선·교육·문화·체육 활동 등 사회에 긍정적 영향을 미치는 책임 있는 활동을 수행하기도 한다. 이처럼 기업이 사회적 책임을 수행하는 이유는 __________

> 〈보기〉
> ㉠ 기업은 국민의 대리인으로서 공익 추구를 주된 목적으로 하기 때문이다.
> ㉡ 기업의 장기적인 이익 창출에 기여할 수 있기 때문이다.
> ㉢ 법률에 의하여 강제된 것이기 때문이다.
> ㉣ 환경 경영 및 윤리 경영의 가치를 실현할 수 있기 때문이다.

① ㉠, ㉡
② ㉠, ㉢
③ ㉡, ㉢
④ ㉡, ㉣

28 다음 중 기업윤리에 대한 설명으로 가장 적절하지 않은 것은?

① 기업윤리의 준수가 단기적으로는 기업의 효율성을 저해할 수 있지만 장기적 관점에서 조직 유효성을 확보할 수 있게 한다.
② 기업윤리는 조직구성원의 행동규범을 제시하고 건전한 시민으로서의 윤리적 성취감을 충족시켜준다.
③ 기업윤리를 확립하기 위해 정부 및 공익단체의 권고와 감시활동이 필요하다.
④ 기업윤리는 사회적 규범의 체계로서 수익성을 추구하는 경영활동과는 독립된 별개의 영역이므로 경영목표나 전략에 영향을 주지 않는다.

29 당신은 잦은 철야로 인하여 몸이 몹시 피곤해 있다. 그런데 어젯밤에도 늦게까지 일하면서 처리한 일이 사고가 터지게 되었다. 이에 대해 상사가 불같이 화를 내며 심하게 꾸짖었다. 그러나 당신은 사고 관련 일뿐만 아니라 듣기 매우 거북한 인격 모독성 발언까지 듣게 되었다. 그것도 모든 사원들이 보는 자리에서 말이다. 이 상황에서 당신이 취할 수 있는 행동으로 가장 적절한 것은?

① 그냥 가만히 고개를 숙이고 있는다.
② 왜 사람을 무시하느냐고 막 부장에게 대든다.
③ 일에 관한 것은 사과를 드리며 인격 모독성 발언에 대해 사과할 것을 요구한다.
④ 책상 위의 모든 것을 다 집어 던지고 회사를 나간다.

30 다음 중 기업의 사회적 책임과 기업윤리에 대한 설명으로 가장 거리가 먼 것은?

① 기업의 사회적 책임이 추가적인 정부 규제와 개입을 줄일 수 있으므로 기업의 의사결정에 더 큰 자유와 신축성을 가질 수 있다.

② 기업의 사회적 책임이 도덕적, 규범적 측면을 강조하는 것이라면 기업윤리는 법률적, 제도적 측면에 초점을 둔다.

③ 기업은 기업의 유지 및 발전, 이해관계자의 이해조정, 사회발전 등의 분야에서 사회적 책임을 진다.

④ 기업윤리는 모든 상황에 보편적으로 적용되는 윤리라기보다는 기업경영이라는 특수상황에 적용되는 응용윤리의 성격을 갖는다.

31 다음에 나열된 숫자의 규칙을 찾아 빈칸에 들어가기 적절한 수를 고르시오.

$$10 \quad 2 \quad \frac{17}{2} \quad \frac{9}{2} \quad 7 \quad 7 \quad \frac{11}{2} \quad (\ \ )$$

① $\dfrac{13}{2}$ 　　　　② $\dfrac{15}{2}$

③ $\dfrac{17}{2}$ 　　　　④ $\dfrac{19}{2}$

32 그림과 같이 가로의 길이가 2, 세로의 길이가 1인 직사각형이 있다. 이 직사각형과 넓이가 같은 정사각형의 한 변의 길이는?

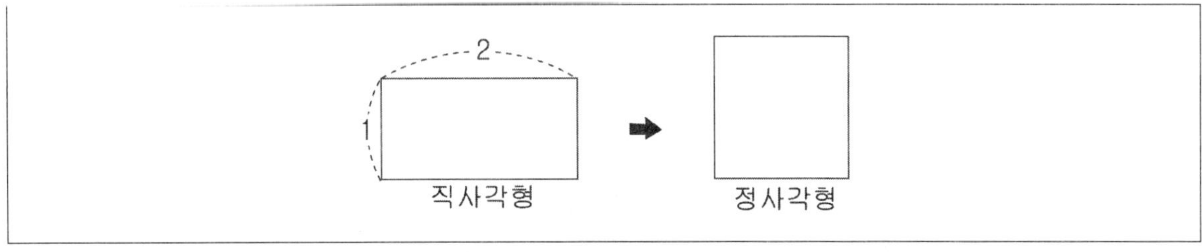

① $\sqrt{2}$ 　　　　② $\sqrt{3}$

③ 2 　　　　④ 3

33 소금물 300g에서 물 110g을 증발시킨 후 소금 10g을 더 녹였더니 농도가 처음 농도의 2배가 되었다. 처음 소금물의 농도는 얼마인가?

① 8%

② 9%

③ 10%

④ 11%

34 서원이는 집에서 중학교까지 19km를 통학한다. 집으로부터 자전거로 30분 동안 달린 후 20분 동안 걸어서 중학교에 도착했다면 걷는 속도는 분당 몇 km인가? (단, 자전거는 분속 0.5km로 간다고 가정한다.)

① 0.2km

② 0.4km

③ 0.6km

④ 0.8km

35 제15회 한국사능력검정시험 고급에 남자가 75명, 여자가 25명이 응시하고, 시험 평균은 여자가 76점이다. 남녀 전체 평균 점수가 73점일 때 남자의 평균 점수는?

① 72점

② 73점

③ 74점

④ 75점

36 미정이의 올해 연봉은 작년에 비해 20% 인상되고 500만 원의 성과급을 받았는데 이 금액은 60%의 연봉을 인상한 것과 같다면 올해 연봉은 얼마인가?

① 1,400만 원

② 1,500만 원

③ 1,600만 원

④ 1,700만 원

37 다음과 같은 우리나라 개인소유 주택의 단독 · 공동 소유 현황을 올바르게 설명한 내용은 어느 것인가?

(단위 : 천 호)

구분	2016년		2017년		증감	
	주택	아파트	주택	아파트	주택	아파트
전체	14,521	8,426	14,964	8,697	443	271
단독소유	12,923	7,455	13,217	7,645	294	190
공동소유	1,598	971	1,747	1,052	149	81
2인	1,434	924	1,571	1,004	137	80
3인	99	37	109	38	10	1
4인	30	6	32	6	2	0
5인 이상	35	4	35	4	0	−0

※ 단, 계산 값은 소수점 둘째 자리에서 반올림 한다.

① 전체 개인소유 주택에서 단독소유 주택이 차지하는 비중은 2017년에 더 증가하였다.

② 2인 공동소유 주택보다 3인 공동소유 주택 수의 전년 대비 증가율이 더 크다.

③ 전체 공동소유 아파트 중, 2인 공동소유 아파트가 차지하는 비중은 2017년에 더 감소하였다.

④ 2017년 전체 아파트 수의 전년 대비 증가율은 3%에 못 미친다.

38 다음은 건축물별 면적에 관한 자료이고, 기록하는 과정에서 오류가 발견되어 자료를 다시 수정해야 한다. 해당 자료를 수정했을 때, 7개 건축물 면적의 평균은?

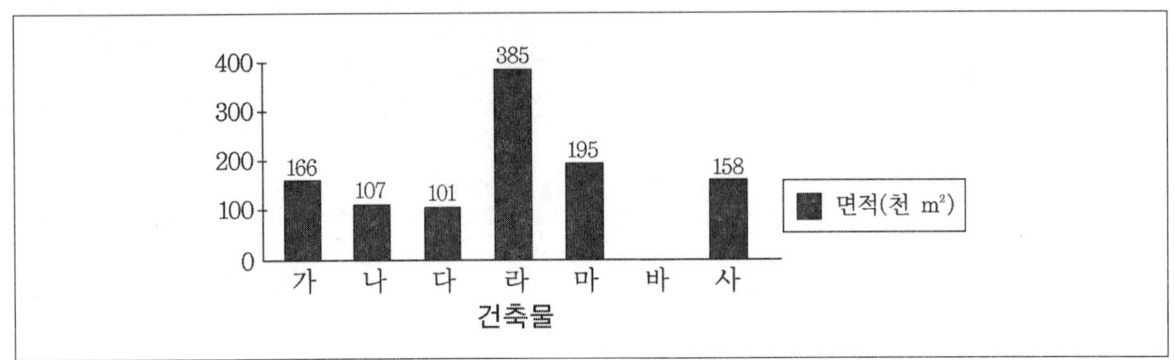

〈오류〉

㉠ '나'의 면적은 '다'와 동일하다.

㉡ '라'의 면적은 실제보다 '나'의 면적의 2배 값이 더해졌다.

㉢ '바'의 면적은 '가', '나', '다'의 면적 합보다 22(천 m²)이 크다.

① 157.8(천 m²) 　　　　② 168.2(천 m²)

③ 175.6(천 m²) 　　　　④ 184.9(천 m²)

39 서원모바일은 이번에 회사에서 전략 마케팅으로 자동차가 가장 적게 운행되고 있는 도시에서 행사를 진행하기로 하였다. 다음 중 후보도시로 가장 적절한 곳은?

도시	인구수(만 명)	자동차 대수(만 명당)
Ⓐ	90	200
Ⓑ	70	250
Ⓒ	60	350
Ⓓ	50	400

① Ⓐ 　　　　② Ⓑ

③ Ⓒ 　　　　④ Ⓓ

40 지헌이는 생활이 어려워 수집했던 고가의 피규어를 인터넷 경매를 통해 판매하려고 한다. 경매 방식과 규칙, 예상 응찰 현황이 다음과 같을 때, 경매 결과를 바르게 예측한 것은?

• 경매 방식 : 각 상품은 따로 경매하거나 묶어서 경매

• 경매 규칙

– 낙찰자 : 최고가로 입찰한 자

– 낙찰가 : 두 번째로 높은 입찰가

– 두 상품을 묶어서 경매할 경우 낙찰가의 5%를 할인해 준다.

– 입찰자는 낙찰가의 총액이 100,000원을 초과할 경우 구매를 포기한다.

• 예상 응찰 현황

입찰자	A 입찰가	B 입찰가	합계
甲	20,000	50,000	70,000
乙	30,000	40,000	70,000
丙	40,000	70,000	110,000
丁	50,000	30,000	80,000
戊	90,000	10,000	100,000
己	40,000	80,000	120,000
庚	10,000	20,000	30,000
辛	30,000	10,000	40,000

① 두 상품을 묶어서 경매한다면 낙찰자는 己이다.

② 경매 방식에 상관없이 지헌이의 예상 수입은 동일하다.

③ 두 상품을 따로 경매한다면 얻는 수입은 120,000원이다.

④ 낙찰가의 총액이 100,000원이 넘을 경우 낙찰받기 유리하다.

41 대인관계능력을 구성하는 하위능력 중 현재 동신과 명섭의 팀에게 가장 필요한 능력은 무엇인가?

> 올해 E그룹에 입사하여 같은 팀에서 근무하게 된 동신과 명섭은 다른 팀에 있는 입사동기들과 외딴 섬으로 신입사원 워크숍을 가게 되었다. 그 곳에서 각 팀별로 1박 2일 동안 스스로 의·식·주를 해결하며 주어진 과제를 수행하는 임무가 주어졌는데 동신은 부지런히 섬 이 곳 저 곳을 다니며 먹을 것을 구해오고 숙박할 장소를 마련하는 등 솔선수범 하였지만 명섭은 단지 섬을 돌아다니며 경치 구경만 하고 사진 찍기에 여념이 없었다. 그리고 과제수행에 있어서도 동신은 적극적으로 임한 반면 명섭은 소극적인 자세를 취해 그 결과 동신과 명섭의 팀만 과제를 수행하지 못했고 결국 인사상의 불이익을 당하게 되었다.

① 리더십능력   ② 팀워크능력

③ 협상능력   ④ 고객서비스능력

42 다음 사례에서 직장인으로서 옳지 않은 행동을 한 사람은?

> 〈사례1〉 K그룹에 다니는 철환이는 어제 저녁 친구들과 횟집에서 회를 먹고 오늘 일어나자 갑자기 배가 아파 병원에 간 결과 식중독에 걸렸다는 판정을 받고 입원을 하게 되었다. 생각지도 못한 일로 갑자기 결근을 하게 된 철환이는 즉시 회사에 연락해 사정을 말한 후 연차를 쓰고 입원하였다.
>
> 〈사례2〉 여성 구두를 판매하는 S기업의 영업사원으로 입사한 상빈이는 업무상 여성고객들을 많이 접하고 있다. 어느 날 외부의 한 백화점에서 여성고객을 만나게 된 상빈이는 그 고객과 식사를 하기 위해 식당이 있는 위층으로 에스컬레이터를 타고 가게 되었다. 이때 그는 그 여성고객에게 먼저 타도록 하고 자신은 뒤에 타고 올라갔다.
>
> 〈사례3〉 한창 열심히 근무하는 관모에게 한 통의 전화가 걸려 왔다. 얼마 전 집 근처에 있는 공인중개사에 자신의 이름으로 된 집을 월세로 내놓았는데 그 공인중개사에서 연락이 온 것이다. 그는 옆자리에 있는 동료에게 잠시 자리를 비우겠다고 말한 뒤 신속하게 사무실 복도를 지나 야외 휴게실에서 공인중개사 사장과 연락을 하고 내일 저녁 계약 약속을 잡았다.
>
> 〈사례4〉 입사한 지 이제 한 달이 된 정호는 어느 날 다른 부서에 급한 볼일이 있어 복도를 지나다가 우연히 앞에 부장님이 걸어가는 걸 보았다. 부장님보다 천천히 가자니 다른 부서에 늦게 도착할 것 같아 어쩔 수 없이 부장님을 지나치게 되었는데 이때 그는 부장님께 "실례하겠습니다."라고 말하는 것을 잊지 않았다.

① 철환   ② 상빈

③ 관모   ④ 정호

43 다음 사례에서 오부장이 취할 행동으로 가장 적절한 것은?

> 오부장이 다니는 J의류회사는 전국 각지에 매장을 두고 있는 큰 기업 중 하나이다. 따라서 매장별로 하루에도 수많은 손님들이 방문하며 그 중에는 옷에 대해 불만을 품고 찾아오는 손님들도 간혹 있다. 하지만 고지식하며 상부의 지시를 중시 여기는 오부장은 이러한 사소한 일들도 하나하나 보고하여 상사의 지시를 받으라고 부하직원들에게 강조하고 있다. 그러다 보니 매장 직원들은 사소한 문제 하나라도 스스로 처리하지 못하고 일일이 상부에 보고를 하고 상부의 지시가 떨어지면 그때서야 문제를 해결한다. 이로 인해 자연히 불만고객에 대한 대처가 늦어지고 항의도 잇따르게 되었다. 오늘도 한 매장에서 소매에 단추 하나가 없어 이를 수선해 줄 것을 요청하는 고객의 불만을 상부에 보고해 지시를 기다리다가 결국 고객이 기다리지 못하고 환불요청을 한 사례가 있었다.

① 오부장이 직접 그 고객에게 가서 불만사항을 처리한다.

② 사소한 업무처리는 매장 직원들이 스스로 해결할 수 있도록 어느 정도 권한을 부여한다.

③ 매장 직원들에게 고객의 환불요청에 대한 책임을 물어 징계를 내린다.

④ 앞으로 이러한 실수가 일어나지 않도록 옷을 수선하는 직원들의 교육을 다시 시킨다.

44 다음 사례를 보고 리츠칼튼 호텔의 고객서비스 특징으로 옳은 것은?

> Robert는 미국 출장길에 샌프란시스코의 리츠칼튼 호텔에서 하루를 묵은 적이 있었다.
> 그는 서양식의 푹신한 베개가 싫어서 프런트에 전화를 걸어 좀 딱딱한 베개를 가져다 달라고 요청하였다. 호텔 측은 곧이어 딱딱한 베개를 구해왔고 덕분에 잘 잘 수 있었다.
> 다음날 현지 업무를 마치고 다음 목적지인 뉴욕으로 가서 우연히 다시 리츠칼튼 호텔에서 묵게 되었는데 아무 생각 없이 방 안에 들어간 그는 깜짝 놀랐다. 침대 위에 전날 밤 사용하였던 것과 같은 딱딱한 베개가 놓여 있는 게 아닌가.
> 어떻게 뉴욕의 호텔이 그것을 알았는지 그저 놀라울 뿐이었다. 그는 호텔 측의 이 감동적인 서비스를 잊지 않고 출장에서 돌아와 주위 사람들에게 침이 마르도록 칭찬했다.
> 어떻게 이런 일이 가능했을까? 리츠칼튼 호텔은 모든 체인점이 항시 공유할 수 있는 고객 데이터베이스를 구축하고 있었고, 데이터베이스에 저장된 정보를 활용해서 그 호텔을 다시 찾는 고객에게 완벽한 서비스를 제공하고 있었던 것이다.

① 불만 고객에 대한 사후 서비스가 철저하다.

② 신규 고객 유치를 위해 이벤트가 다양하다.

③ 고객이 물어보기 전에 고객이 원하는 것을 실행한다.

④ 고객이 원하는 것이 이루어질 때까지 노력한다.

엄팀장 : 문식씨, 좋은 아침이군요. 나는 문식씨가 구체적으로 어떤 업무를 하길 원하는지, 그리고 새로운 업무 목표는 어떻게 이룰 것인지 의견을 듣고 싶습니다.

문식 : 솔직히 저는 현재 제가 맡고 있는 업무도 벅찬데 새로운 업무를 받은 것에 대해 달갑지 않습니다. 그저 난감할 뿐이죠.

엄팀장 : 그렇군요. 그 마음 충분히 이해합니다. 하지만 현재 회사 여건상 인력감축은 불가피합니다. 현재의 인원으로 업무를 어떻게 수행할 수 있을지에 대해 우리는 계획을 세워야 합니다. 이에 대해 문식씨가 새로 맡게 될 업무를 검토하고 그것을 어떻게 달성할 수 있을지 집중적으로 얘기해 봅시다.

문식 : 일단 주어진 업무를 모두 처리하기에는 시간이 너무 부족합니다. 좀 더 다른 방법을 세워야 할 것 같아요.

엄팀장 : 그렇다면 혹시 그에 대한 다른 대안이 있나요?

문식 : 기존에 제가 가지고 있던 업무들을 보면 없어도 될 중복된 업무들이 있습니다. 이러한 업무들을 하나로 통합한다면 새로운 업무를 볼 여유가 생길 것 같습니다.

엄팀장 : 좋습니다. 좀 더 구체적으로 말씀해 주시겠습니까?

문식 : 우리는 지금까지 너무 고객의 요구를 만족시키기 위해 필요 없는 절차들을 많이 따르고 있었습니다. 이를 간소화할 필요가 있다고 생각합니다.

엄팀장 : 그렇군요. 어려운 문제에 대해 좋은 해결책을 제시해 줘서 정말 기쁩니다. 그렇다면 지금부터는 새로운 업무를 어떻게 진행시킬지, 그리고 그 업무가 문식씨에게 어떤 이점으로 작용할지에 대해 말씀해 주시겠습니까? 지금까지 문식씨는 맡은 업무를 잘 처리하였지만 너무 같은 업무만을 하다 보면 도전정신도 없어지고 자극도 받지 못하죠. 이번에 새로 맡게 될 업무를 완벽하게 처리하기 위해 어떤 방법을 활용할 생각입니까?

문식 : 네. 사실 말씀하신 바와 같이 지금까지 겪어보지 못한 전혀 새로운 업무라 기분이 좋지는 않습니다. 하지만 반면 저는 지금까지 제 업무를 수행하면서 창의적인 능력을 사용해 보지 못했습니다. 이번 업무는 제게 이러한 창의적인 능력을 발휘할 수 있는 기회입니다. 따라서 저는 이번 업무를 통해 좀 더 창의적인 능력을 발휘해 볼 수 있는 경험과 그에 대한 자신감을 얻게 되었다는 점이 가장 큰 이점으로 작용할 것이라 생각됩니다.

엄팀장 : 문식씨 정말 훌륭한 생각을 가지고 있군요. 이미 당신은 새로운 기술과 재능을 가지고 있다는 것을 우리에게 보여주고 있습니다.

① 지나치게 많은 정보와 지시를 내려 직원들을 압도한다.

② 어떤 활동을 다루고, 시간은 얼마나 걸리는지 등에 대해 구체적이고 명확하게 밝힌다.

③ 질문과 피드백에 충분한 시간을 할애한다.

④ 직원들의 반응을 이해하고 인정한다.

46 다음 중 팀워크에 대한 설명으로 옳지 않은 것은?

① 훌륭한 팀워크를 유지하기 위해서는 솔직한 대화로 서로를 이해하는 과정이 필요하다.

② 질투나 시기로 인한 파벌주의는 팀워크를 저해하는 요소이다.

③ 팀워크를 위해서는 공동의 목표의식과 상호 간의 신뢰가 중요하다.

④ 팀워크란 구성원으로 하여금 집단에 머물도록 만들고, 그 집단에 계속 남아 있기를 원하게 만드는 힘이다.

47 다음 사례에서 나타나고 있는 리더십의 유형은?

> N기업은 직원 하나하나가 더 많은 자율과 책임을 가지고 역량을 쌓을 수 있도록 '책임근무제'를 실시하고 있다. 이를 통해 따로 출·퇴근 시간을 정하지 않고 임직원 모두가 업무 시간을 탄력적으로 사용하도록 하고 인사·총무·복리후생과 관련된 결재의 70%는 직원 본인 전결로 이뤄지도록 하였다. 실례로 연차휴가를 사용하고자 할 때 상사의 결재 없이 자율적으로 신청하여 사용하면 된다. N사의 한 관계자는 자사의 서비스가 아시아 지역은 물론 유럽과 중동 지역에까지 확대되면서 해외 현지와 시간을 맞춰 일해야 하는 빈도가 늘어나고 있어 출·퇴근 자율제를 시행하게 되었다고 '책임근무제' 도입 배경을 설명하였다. 또한 홍길농 현 N사 이사회 의장은 조직의 관료화를 막기 위해 서비스 단위 조직인 '셀 제도'와 '사내독립기업'을 활성화시키고 있는 것으로 전해졌다. 이는 서비스 특성상 감각적이고 젊은 실무형 직원들이 독립적으로 조직을 구성할 수 있도록 하기 위해서이다. 여기서 각 셀 조직의 리더들은 직급에 상관없이 선정되며 연봉·보상체계·승진기준 등 모든 인사권과 더불어 '책임예산제'를 통해 각각의 서비스 프로젝트에 맞게 예산을 운영할 수 있다. 이 과정에서 역량이 입증된 셀 조직은 사내독립기업으로 선정하여 해당 리더가 실질적인 경영권을 갖게 된다. 또 다른 N사 관계자는 급변하는 모바일 시대 속에서 개별 서비스의 빠른 의사결정과 과감한 실행력을 유도하기 위해 현재 여러 가지 제도를 시행하고 있으며 특히 셀 제도를 실시하면서 신규 서비스 개발 기간이 확연히 줄어들고 있다고 전했다.

① 변혁적 리더십 ② 셀프 리더십

③ 카리스마 리더십 ④ 서번트 리더십

48 다음 사례에서 팀워크에 도움이 안 되는 사람은 누구인가?

◎◎기업의 입사동기인 영재와 영초, 문식, 윤영은 이번에 처음으로 함께 프로젝트를 수행하게 되었다. 이는 이번에 나온 신제품에 대한 소비자들의 선호도를 조사하는 것으로 ◎◎기업에서 이들의 팀워크 능력을 알아보기 위한 일종의 시험이었다. 이 프로젝트에서 네 사람은 각자 자신이 잘 할 수 있는 능력을 살려 업무를 분담했는데 평소 말주변이 있고 사람들과 만나는 것을 좋아하는 영재는 직접 길거리로 나가 시민들을 대상으로 신제품에 대한 설문조사를 실시하였다. 그리고 어릴 때부터 일명 '천재소년'이라고 자타가 공인한 영초는 자신의 능력을 믿고 다른 사람들과는 따로 설문조사를 실시하였고 보고서를 작성하였다. 한편 대학에서 수학과를 나와 통계에 자신 있는 문식은 영재가 조사해 온 자료를 바탕으로 통계를 내기 시작하였고 마지막으로 꼼꼼한 윤영이가 깔끔하게 보고서를 작성하여 상사에게 제출하였다.

① 영재　　　　　　　　　　② 영초
③ 문식　　　　　　　　　　④ 윤영

49 다음은 갈등을 증폭시키는 원인에 대한 사례들 중 일부이다. 다음 사례에 해당하지 않는 보기는 무엇인가?

㉠ T그룹의 전대리는 직장 동료들에게 개인주의가 심하다는 말을 많이 듣는다. 그는 팀 내 목표가 주어져 동료들이 야근을 하는 와중에도 자신의 업무가 끝나면 퇴근하기 일쑤다. 전대리의 이러한 행동으로 인해 그의 팀은 올 3분기 팀 실적이 꼴찌를 기록했으며 4분기 또한 최하위권을 면치 못하게 되었다.
㉡ X기업의 임대리는 다른 직원들에 비해 실적이 좋은 편이다. 그는 입사한 지 10개월 만에 대리로 승진하였고 조만간 팀장으로 승진할 것이라는 소문이 은연 중에 떠돌고 있다. 하지만 임대리에 대한 다른 직원들의 평판은 그리 좋은 편이 아니다. 그 이유는 그가 협동심을 발휘하여 공통의 문제를 해결하려 하기보다 팀 동료를 누르고서라도 자신의 실적만을 쌓으려고 하기 때문이다.
㉢ R기업의 원과장과 윤과장은 사내에서 서로 한 마디도 하지 않는 사이다. 얼마 전 신제품 회의 때 다툰 이후로 그 둘은 서로 접촉하는 것마저 꺼려하는 사이가 되어 버렸다. 만약 무슨 일이 있어 상대방이 필요할 경우 그들은 제3자를 통해 간접적으로 업무를 처리한다.

① 의사소통의 폭을 줄이고 서로 접촉하는 것을 꺼린다.
② 공동의 목표를 달성할 필요성을 느끼지 않는다.
③ 문제해결보다 승리하기를 원한다.
④ 팀원들은 자신의 입장에 감정적으로 묶인다.

50 다음 중 협력을 장려하기 위한 노력으로 옳지 않은 것은?

① 침묵을 지키는 것에 대해 존중해야 한다.

② 모든 아이디어를 기록한다.

③ 관점을 바꾼다.

④ 상식에서 벗어난 아이디어에 대해서는 과감하게 비판한다.

1 조선 후기, 양반 최제우가 유교, 불교, 도교, 무속신앙 등의 교리들을 합쳐 만든 우리나라 민족 종교로 '인내천'이라는 중심 사상을 가진 것은 무엇인가?

① 동학   ② 대종교

③ 천도교   ④ 실학

2 단군이 홍익인간의 이념으로 건국한 우리나라 최초의 나라는 어디인가?

① 고구려   ② 조선

③ 고조선   ④ 고려

3 출신성분에 따라 골과 품으로 등급을 나누는 신라의 신분제도를 무엇이라 하는가?

① 골품제   ② 화랑도

③ 카스트   ④ 화백제

4 다음의 사건들을 일어난 순서대로 바르게 나열한 것은 무엇인가?

㉠ 척화비 건립	㉡ 병인양요
㉢ 제너럴 셔먼호 사건	㉣ 오페르트 남연군 묘 도굴 미수 사건
㉤ 신미양요	

① ㉡ – ㉠ – ㉢ – ㉣ – ㉤   ② ㉡ – ㉢ – ㉠ – ㉣ – ㉤

③ ㉢ – ㉡ – ㉣ – ㉤ – ㉠   ④ ㉢ – ㉠ – ㉡ – ㉣ – ㉤

5 다음 역사적 사건을 순서대로 나열한 것은 무엇인가?

> ㉠ 5 · 18 민주화 운동　　　　　㉡ 6월 민주 항쟁
> ㉢ 유신헌법 공포　　　　　㉣ 4 · 19 혁명

① ㉣ － ㉠ － ㉡ － ㉢　　　　　② ㉣ － ㉡ － ㉠ － ㉢
③ ㉣ － ㉡ － ㉢ － ㉠　　　　　④ ㉣ － ㉢ － ㉠ － ㉡

6 조선을 건국한 왕은 누구인가?

① 이방원　　　　　② 이방과
③ 이제　　　　　④ 이성계

7 다음의 내용과 관련이 깊은 사건은 무엇인가?

> • 고종이 러시아 공사관으로 거처를 옮겼다.
> • 열강에 의한 각종 이권침탈이 심화되었다.
> • 독립협회가 조직되어 환궁을 요구하였다.

① 갑오개혁　　　　　② 아관파천
③ 갑신정변　　　　　④ 임오군란

8 왕의 친척이나 신하가 강력한 권력을 잡고 온갖 결정을 마음대로 하는 정치 형태를 무엇이라고 하는가?

① 수렴청정　　　　　② 탕평정치
③ 세도정치　　　　　④ 붕당정치

9 기원전 18년 고구려에서 내려온 유이민들이 한강 근처의 위례성에 자리 잡고 세운 나라는 어디인가?

① 고구려   ② 신라

③ 백제   ④ 가야

10 다음과 같이 주장한 학자는 누구인가?

> 재물이란 우물의 물과 같다. 퍼내면 차게 마련이고 이용하지 않으면 말라 버린다. 그렇듯이 비단을 입지 않기 때문에 나라 안에 비단 짜는 사람이 없고, 그릇이 찌그러져도 개의치 않으며 정교한 기구를 애써 만들려 하지 않으니, 기술자나 질그릇 굽는 사람들이 없어져 각종 기술이 전해지지 않는다. 심지어 농업도 황폐해져 농사짓는 방법을 잊어버렸고, 장사를 해도 이익이 없어 생업을 포기하기에 이르렀다. 이렇듯 사민(四民)이 모두 가난하니 서로가 도울 길이 없다. 나라 안에 있는 보물도 이용하지 않아서 외국으로 흘러 들어가 버리는 실정이다. 그러니 남들이 부강해질수록 우리는 점점 가난해지는 것이다.

① 박제가

② 유형원

③ 홍대용

④ 박지원

11 다음 중 Alternative Tourism(대안관광)의 유사 개념으로 가장 적절하지 않은 것은?

① High Impact Tourism(하이 임펙트 투어리즘)

② Green Tourism(녹색관광)

③ Soft Tourism(연성관광)

④ Appropriate Tourism(적정관광)

12 다음 중 관광객을 위한 원스톱 예약 결제 시스템과 연관되지 않은 것은 무엇인가?

① 어플리케이션

② 현금결제

③ 온라인 관광 정보

④ 플랫폼 설계

13 다음 중 플로그(Plog, S. C.)가 제안한 안전지향형(Psychocentrics)의 성격을 가진 관광객의 관광행태로 보기 가장 어려운 것은?

① 잘 알려진 관광지 선호
② 모험 지향형 관광 경험 추구
③ 패키지상품의 선호
④ 대규모 현대식 숙박시설 선호

14 다음 중 영국의 토마스 쿡이 최초로 단체여행을 성공시킨 시대는 언제인가?

① Mass Tourism 시대
② New Tourism 시대
③ Tourism 시대
④ Tour 시대

15 관광 수용력(load capacity) 개념에서 '사회적 수용력'이 의미하는 것은?

① 주민과 관광객 간 긍정적 관계 유지
② 정책적인 허용 범위
③ 환경변화 허용 수준
④ 시설 수용의 한계

16 관광자원의 유형 중 문화적 관광자원에 속하지 않는 것은?

① 기념물
② 동굴
③ 고고학적 유적
④ 미술관

17 다음 중 관광자원의 평가 기준이 아닌 것은?

① 접근성

② 교육성

③ 경관성

④ 상업성

18 다음 중 호텔 관리 측면에서의 임금관리 중요성에 해당하지 않는 것은?

① 최고 가격결정과 고객 유인의 요소

② 호텔 이윤의 요소

③ 생계비 유지의 원천

④ 비용의 요소

19 다음 중 일반 여행업의 주요 업무에 해당되지 않는 것은?

① 상품기획 업무

② 예약수배 업무

③ 항공예약 업무

④ 출입국 수속대행 업무

20 다음 중 무장애 관광에 관한 설명으로 가장 적절한 것은?

① 개별 관광객을 위한 신기성 정보 서비스

② 감각추구형 경험적인 관광시설

③ 비장애인을 위한 객실의 편의성

④ 취약계층의 요구를 반영한 관광 정보의 안내

21 제품믹스(또는 제품 구색)전략이 필요한 이유 중 가장 거리가 먼 것은?

① 소비자의 욕구가 이질적이기 때문이다.

② 소비자들의 다양성을 추구하는 성향이 강해지기 때문이다.

③ 소비자들의 가격 민감도 차이를 기업들이 적절히 이용하기 때문이다.

④ 고객들이 고품질의 저가상품을 소비하는 성향이 강해지기 때문이다.

22 판매촉진 기간 중 판매증대를 유발하는 요인에 대한 설명 중 가장 옳지 않은 것은?

① 상표 전환은 상표 표준화의 증가에 따라 특정 상표에 대한 고객 충성도가 증가하면서 발생하는 현상을 의미한다.

② 재구매는 소비자의 학습 과정에 의해 특정 상표를 반복 구매하거나 특정 점포를 반복 선택하게 되는 습관을 통해 형성된다.

③ 구매 가속화는 재고가 있음에도 불구하고 판매촉진 기간 중 선호하는 제품을 미리 구매하는 구매 시점 앞당김 현상을 말한다.

④ 제품군 확장은 새로운 구매상황의 창출이나 특정 제품의 사용량 자체를 증대시키는 현상을 통해 달성된다.

23 제품수명주기에 대한 설명 중 가장 거리가 먼 것은?

① 신상품 도입기의 마케팅 활동은 남들보다 앞서 상품체험을 바라는 고객, 혁신지향적 및 의견 선도적인 고객들을 목표시장으로 하는 것이 보다 효과적이다.

② 성장기에는 혁신소비자층과 조기수용자층 등의 호의적 구전이 시장 확대에 매우 중요한 역할을 한다.

③ 성숙기의 시장개발은 새로운 소비자를 찾거나 기존 소비자들의 사용 빈도를 증가시키거나 새로운 용도를 개발한다.

④ 쇠퇴기에 수확전략을 선택할 경우, 제품의 품질, 특성, 스타일 등의 수정을 통해 신규고객을 유인하거나 기존 고객의 사용 빈도를 높일 수 있다.

24 소비재는 일반적으로 편의품, 선매품, 전문품 및 미탐색품으로 분류된다. 이들 중 전문품에 대한 설명과 가장 거리가 먼 것은?

① 주로 구매력이 있는 소비자들만을 대상으로 판촉활동을 실시하는 것이 효과가 크다.

② 소비자가 특정 상표에 대해 가장 강한 상표충성도를 보인다.

③ 제품에 대한 사전 지식에 의존하지 않고 주로 구매 시점에 제품 특성을 비교평가 후 구매하는 제품이다.

④ 제품차별성과 소비자 관여도가 매우 높은 특성을 지닌다.

25 다음 중 기본가격에 추가사용료를 지불하도록 가격을 결정하는 방식은?

① 종속제품 가격결정방식

② 이분 가격결정방식

③ 선택제품 가격결정방식

④ 부산물 가격결정방식

26 다음 중 소비재 시장과 비교한 산업재 시장의 특성과 가장 거리가 먼 것은?

① 공급자와 구매자의 밀접한 관계가 형성되어 있다.

② 산업재 시장의 구매자는 전문적 구매를 하는 경향이 있다.

③ 산업재 수요는 궁극적으로 소비재 수요로부터 파생된다.

④ 산업재 수요는 소비재 수요에 비해 가격탄력적이다.

27 소비재 시장의 효과적인 시장세분화의 조건에 대한 설명 중 가장 거리가 먼 것은 무엇인가?

① 규모나 구매력과 같은 특성들이 측정 가능해야 한다.

② 기업의 입장에서 접근이 용이해야 한다.

③ 충분히 큰 동질적인 소비자 집단이 존재해야 한다.

④ 경기변동에 따른 수요변화와 같이 상황적 요인의 측정이 용이해야 한다.

28 기업이 모든 구매자를 대상으로 하나의 제품을 대량 생산하여 대량유통하고 대량 촉진하고자 하는 형태, 즉 최소의 원가가격으로 최대의 잠재시장을 현실시장으로 창출해 낼 수 있다고 판단될 경우 취할 수 있는 최적의 마케팅 기법은?

① Ambush Marketing

② Mass Marketing

③ Massclusivity Marketing

④ Loop Marketing

29 고객 마케팅 커뮤니케이션 방법들(광고, 홍보, 판매원, 구전, 웹사이트 등)의 상대적 비교로 가장 올바른 것은? (단, 통제력은 광고주가 커뮤니케이션 메시지에 대한 통제의 정도이고, 유연성은 개별 고객에 맞춘 커뮤니케이션의 유연한 정도이며, 신뢰성은 고객이 커뮤니케이션의 원천에 대한 신뢰하는 정도를 의미함)

① 광고는 통제력과 유연성이 높은 데 비하여 신뢰성은 낮다.

② 홍보는 유연성이 낮은데 비해 통제력과 신뢰성은 높다.

③ 매장의 판매원은 통제력과 유연성이 높은데 비하여 신뢰성이 낮다.

④ 구전은 신뢰성과 유연성이 높은 데 비하여 통제력은 낮다.

30 카테고리 수명주기에 따른 상품에 관한 설명 중 가장 거리가 먼 것은?

① 일시성 상품과 지속성 상품은 특정 시즌에서 다음 시즌으로의 극적인 판매의 변화가 거의 없다.

② 지속성 상품은 일시성 상품에 비해 여러 시즌에 걸쳐 판매가 이루어진다.

③ 유행성 상품과 계절성 상품은 여러 시즌에 걸쳐 특정 스타일의 판매가 이루어진다.

④ 일시성 상품은 시간에 따라 매출유형이 가장 급격하게 변한다.

31 어떠한 상황하에서 어떻게 해야할지, 또는 어떤 물건을 사야할지에 대한 확실한 아이디어가 없는 사람일수록 타인이 하는 대로 따라 하려는 경향이 강하다는 것을 의미하는 것은?

① 사회적 증거 효과

② 권위 효과

③ 대조효과

④ 희소 효과

32 I-message(나 전달법)에 관한 내용 중 가장 옳지 않은 것은?

① 타인에게 개방적이면서 솔직하다는 느낌을 전달하게 된다.

② 타인은 변명하려 하거나 반감, 저항, 공격성을 보이게 된다.

③ 타인은 잘 인식하지 못하지만 타인의 어떤 행동으로 내가 화가 나거나 불편한 감정이 되었을 때 적합한 대화기술이다.

④ 타인은 나의 느낌을 수용하고 자발적으로 자신의 문제를 해결하고자 하는 등의 의도를 갖게 된다.

33 다음 중 이미지 메이킹에 관한 내용으로 가장 옳지 않은 것은?

① 개인이 추구하고자 하는 목표를 이루기 위해서 스스로 자기 이미지를 통합적으로 관리하는 것이다.

② 자기 가치를 발견하고 이를 최고의 삶으로 만들어 가기 위한 전 분야에 걸친 자기 삶의 총체적인 경영전략이다.

③ 현대생활 예절은 구체적인 방식 및 규칙 등을 여러 다양한 측면에서 제공한다.

④ 비언어적 커뮤니케이션 수단이며, 소극적인 의사소통 행위이다.

34 프레젠테이션에 관한 사항 중 가장 옳지 않은 것은?

① 프레젠테이션의 사전적 정의는 자신 스스로의 의견, 경험, 아이디어, 노하우 등의 모든 제반 정보를 상대에게 전달하거나 또는 설득하는 모든 행위를 말한다.

② 연구 또는 사업 등을 계획하거나 진행하기 위해 주요한 내용을 시청자를 위한 시청각 보조 자료를 활용해서 발표하는 것이다.

③ 프레젠테이션의 구성 3요소로는 프레젠터, 사회자, 의사결정자가 있다.

④ 프레젠테이션의 목적으로는 동기유발, 의사결정의 유도, 청중의 설득 등이 있다.

35 협상의 기본원칙으로 옳지 않은 것은?

① 목표가 명확해야 좋은 결과를 얻을 수 있다.

② 목표를 뒷받침할 수 있는 협상의 기반을 마련한다.

③ 인지하기 용이한 단어, 절제된 표현 등을 사용한다.

④ 문서 또는 AV 기기 등을 활용하면 안 된다.

36 다음 중 타인의 말 또는 글 등을 빌려 쓰는 것으로써 주로 권위 있는 사람의 말을 가져와서 신뢰감을 높이는 방법을 무엇이라고 하는가?

① 비유

② 구현

③ 반론

④ 인용

37 다음 중 컨벤션 시장의 특성에 관한 내용으로 옳지 않은 것은?

① 컨벤션 서비스의 경우에는 쉽게 모방될 수 있다.

② 컨벤션 시장은 그룹보다는 주로 개인이 참여하는 것이 대부분이다.

③ 컨벤션 개최지의 선정을 위해서는 후보 개최지가 심의되며 입찰의 과정을 거쳐 결정되어진다.

④ 조명 및 음향시설, 회의 및 전시 공간, 부스 장치 및 시청각 기자재 등의 전문화된 시설과 서비스를 필요로 한다.

38 커뮤니케이션 과정 중 말하고자 하는 내용을 수신하지 못하거나 또는 발신인의 의도하고는 전혀 상관없는 메시지로 이해하게 되는 단계는?

① 해독

② 메시지

③ 부호화

④ 소음(잡음)

39 커뮤니케이션 네트워크 유형 중 쇠사슬(Chain)형에 대한 설명으로 가장 옳지 않은 설명은 무엇인가?

① 수직적 커뮤니케이션과 수평적 커뮤니케이션의 두 가지로 나뉘어진다.

② 수직적 커뮤니케이션은 공식적 계통 및 수직적 경로를 통해서 정보전달이 이루어지는 형태이다.

③ 수직적 커뮤니케이션의 대표적인 예로 조직의 라인이 있다.

④ 수평적 커뮤니케이션의 경우에는 정보수집 및 문제해결 등이 상대적으로 빠르다.

40 실험 등에 참가한 개인의 경우 자기 자신이 관찰되고 있다는 사실을 인지할 때에 자신의 행동을 바꾸거나 또는 작업의 능률이 올라가는 현상을 무엇이라고 하는가?

① 펠츠만 효과(Feltsman Effect)

② 호손 효과(Hawthorne Effect)

③ 플라시보 효과(Placebo Effect)

④ 안데르센 효과(Andersen Effect)

41 다음 중 잘못된 설명은 무엇인가?

① 동시공학은 설계 담당자, 생산 전문가, 마케팅 전문가, 품질 전문가들이 공동작업을 통해 제품과 서비스를 설계하고 그 생산공정을 설계하는 것을 말한다.

② 제조용이성설계는 제품의 생산이 용이하고 경제적으로 이루어질 수 있도록 하는 제품설계를 말한다.

③ 품질기능전개는 고객의 목소리를 제품이나 서비스 개발 프로세스에 통합하는 하나의 구조화된 방법을 말한다.

④ 로버스트 설계는 제품이나 공정을 처음부터 환경변화에 의해 영향을 최대한 많이 받도록 설계하는 것을 말한다.

42 여러 목적지를 대상으로 하는 어떤 시설을 추가할 때 수송거리를 최소화하거나 수송비용을 최소화하는 위치를 결정하는 방법을 무엇이라고 하는가?

① 무게 중심법

② 수송 모형법

③ 요인평가법

④ 손익분기점 분석법

43 최종제품의 제조에 소요되는 모든 부품, 상위품목–부품관계, 그리고 엔지니어링과 프로세스 설계에 근거한 부품사용량을 기록한 것을 무엇이라고 하는가?

① 재고기록철

② 자재명세서

③ 주생산계획

④ 총생산계획

44 다음 중 적시생산(JIT)의 주요 요소가 아닌 것은?

① 부품의 표준화

② 고품질

③ 가동준비 시간의 감소

④ 대규모 로트(lot) 사이즈

45 슈메너(Schmenner)의 서비스 매트릭스상의 분류에 해당되지 않은 것은?

① 서비스 공장

② 대량 서비스

③ 전문 서비스

④ 뱃치 서비스

46 다음 중 생산관리의 주요 활동 목표로 보기 가장 어려운 것은?

① 포지셔닝

② 품질

③ 원가

④ 납기

47 전사적 품질관리(TQM)의 핵심 개념을 옳게 나타낸 것은 무엇인가?

① 품질은 주로 조직의 종업원 전체의 책임이다.

② 품질은 품질관리 부서의 책임이다.

③ 품질은 생산부서의 책임이다.

④ 품질은 생산부서의 관리자 책임이다.

48 다음 중 6시그마의 프로세스 개선 5단계에 해당되지 않는 것은?

① 정의

② 측정

③ 분석

④ 계획

49 병목 작업은 처리능력 이상으로 가동되고 있어 언제나 하나 이상의 작업이 대기 중인 작업장을 의미하는데, 이러한 병목 작업장이 어디인지 찾아내고 거기에 생산능력을 추가하여 공정의 흐름을 개선함으로써 조직 전체의 최적화를 추구하는 이론을 무엇이라고 하는가?

① 제약이론(theory of constraints)

② 공급체인관리(supply chain management)

③ 고객관계관리(customer relationship management)

④ 전사적 자원관리(enterprise resource planning)

50 공급사슬에서 하위흐름(고객)에서 발생한 수요변동이 상위흐름(공급업체)으로 거슬러 올라가면서 그 수요변동의 폭이 증폭되어 가는 현상을 무엇이라고 하는가?

① 네트워크효과(Network Effect)

② 강화(Reinforcement)

③ 미니맥스(Minimax)

④ 채찍효과(Bullwhip Effect)

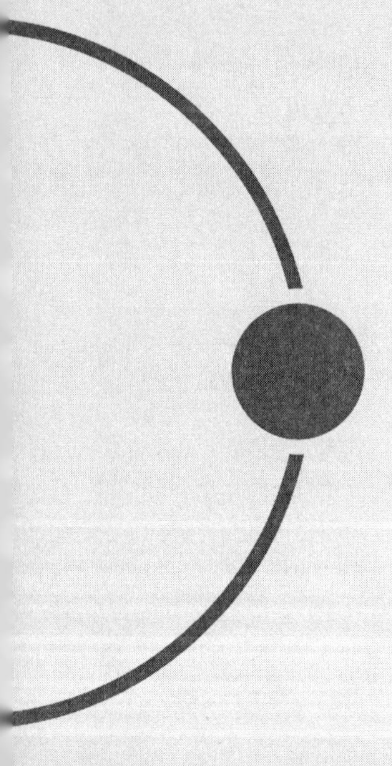

제01회 정답 및 해설

제02회 정답 및 해설

제03회 정답 및 해설

PART

02

정답 및 해설

01	**직업기초능력평가**								
1	2	3	4	5	6	7	8	9	10
④	④	③	③	①	②	②	④	④	④
11	12	13	14	15	16	17	18	19	20
①	④	①	④	③	①	①	③	③	①
21	22	23	24	25	26	27	28	29	30
③	④	④	①	②	④	③	④	②	②
31	32	33	34	35	36	37	38	39	40
①	②	④	④	③	③	①	④	③	③
41	42	43	44	45	46	47	48	49	50
④	④	③	①	④	③	②	④	①	③

1   왓슨의 추론은 필요한 모든 정보가 있음에도 이와 무관하게 엉터리 이유로 범인을 지목했기 때문에 박수를 받을 수 없다. 그러므로 "올바른 추론에 필요한 정보를 가지고 있긴 했지만 그 정보와 무관하게 범인을 지목했기 때문이다."가 빈칸에 들어가야 한다.

2   ① 정약용은 청렴을 당위의 차원에서 주장하는 기존의 학자들과 달리 행위자 자신에게 실질적 이익이 된다는 점을 들어 설득하고자 하였다.

     ② 정약용은 "지자(知者)는 인(仁)을 이롭게 여긴다."라는 공자의 말을 빌려 "지혜로운 자는 청렴함을 이롭게 여긴다."라고 하였다.

     ③ 청렴은 큰 이득이 남는 장사라고 말하면서, 지혜롭고 욕심이 큰 사람은 청렴을 택하지만 지혜가 짧고 욕심이 작은 사람은 탐욕을 택한다고 설명한다.

	회독 오답수		
	1회독	2회독	3회독
	개	개	개

3 2문단과 3문단에서 용승이 일어나면 동태평양 페루 연안의 해수면 온도가 같은 위도의 다른 해역보다 낮아진다고 설명하고 있다.

① 3문단에서 표층 해수의 온도가 높아지면 따뜻한 해수가 공기를 데워 상승 기류를 발생시킨다고 설명하고 있다.

② 2문단에서 평상시 무역풍이 동쪽의 따뜻한 표층수를 서쪽으로 운반한다고 설명하고 있다.

4 Albert Denton : 9월 24일, 화요일

8:30 a.m.	Metropolitan 호텔 로비 택시에서 Extec 공장까지 Kim S.S.와 미팅
9:30-11:30 a.m.	공장 투어
12:00-12:45 p.m.	품질 관리 감독관과 공장 식당에서 점심식사
1:00-2:00 p.m.	공장 관리자와 미팅
2:00 p.m.	차로 창고에 가기
2:30-4:00 p.m.	창고 투어
4:00 p.m.	다과
5:00 p.m.	택시로 호텔 (약 45분)
7:30 p.m.	C.W. Park과 로비에서 미팅
8:00 p.m.	고위 간부와 저녁식사

5 '만약 "W"라는 용어의 의미가 당신만이 느끼는 그 감각에만 해당한다면, "W"라는 용어의 올바른 사용과 잘못된 사용을 구분할 방법은 어디에도 없게 될 것이다. 올바른 적용에 관해 결론을 내릴 수 없는 용어는 아무런 의미도 갖지 않는다.'를 통해 알 수 있다.

6 자신의 핸드폰 번호를 바꾸더라도 헤어진 애인에게 자신이 전화를 할 수 없게 된 것은 아니므로 사전조치에 해당하지 않는다.

7 ㉠ **가산** : 더하여 셈함

㉡ **지체** : 의무 이행을 정당한 이유 없이 지연하는 일

㉢ **승낙** : 청약(請約)을 받아들이어 계약을 성립시키는 의사 표시

8　**고시(告示)** : 글로 써서 게시하여 널리 알림. 주로 행정 기관에서 일반 국민들을 대상으로 어떤 내용을 알리는 경우를 이른다.

　고시(古時) : 옛 시절이나 때

9 ㉠ 사건의 확률로 미래를 예측 → 도박사의 오류가 아니다.

㉡ 도박사의 오류 B(확률이 낮은 사건이 일어난 것은 시행을 많이 해봤을 것이다)

㉢ 도박사의 오류는 특정사건을 예측하거나 과거를 추측하는 문제이지 확률이 높고 낮음을 추론하는 것이 아니다. 도박사의 오류 A, B 둘 다 아니다.

10 ㉠ 한국표준산업 분류표에서 대분류에 해당하는 것을 '업태'라고 한다. 업태 중에서 세분화된 사업의 분류는 '업종' 이라고 한다.

㉡ 본체의 수량이 5개이고, 공급가액이 2,600,000원이므로 단가, 즉 한 단위의 가격은 520,000원임을 알 수 있다.

11　만약 을의 예측이 맞고 병의 예측이 그르다고 한다면, 현구씨는 프랑스에 가고, 상민씨는 중국에 가는 것이 된다. 이렇게 되면 정의 예측은 그르다가 되고, 갑의 예측은 옳은 것이 된다.

　만약 병의 예측이 맞고 을의 예측이 그르다고 한다면, 동근씨는 미국에 가게 되므로 정의 예측은 그르다가 된다. 그러면 갑, 을, 정의 예측이 모두 그르다가 되므로 조건이 성립되지 않는다.

　정리를 하면, 갑의 예측은 옳은 것이므로 동근씨는 미국에 가고 현구씨는 프랑스에 가고, 상민씨는 중국에 간다.

12 화재의 원인을 보는 견해를 정리해보면

- 화재의 원인이 새로 도입한 기계 M의 오작동이라면 → 기존에 같은 기계를 도입했던 X, Y공장에서 이미 화재가 났을 것이다. → 이미 X공장에서 화재가 났었다.
- 화재의 원인이 방화라면 → 감시카메라가 작동하고 수상한 사람이 찍히고 비상벨이 작동했을 것이다. → 비상벨이 작동했다면 경비원 갑이 B, C 지역 어느 곳으로도 화재가 확대되지 않도록 막았을 것이다. → B지역으로 화재가 확대되지 않았다. → 감시카메라에 수상한 사람이 포착되어 조사중이다.
- 화재의 원인이 시설 노후화로 인한 누전이라면 → 기기관리자 을 또는 시설관리자 병에게 책임이 있다. → 만약 을에게 책임이 있다면 정에게는 책임이 없다.

㉠ 이번 화재 전에 Y공장에서 화재가 발생했어도 기계 M의 오작동이 화재의 원인은 아닐 수 있다. → 오작동 아니라도 화재의 위험이 있으므로 참이다.

㉡ 병에게 책임이 없다면, 정에게도 책임이 없다. → 누전일 경우에만 해당되므로 거짓이다.

㉢ C지역으로 화재가 확대되었다면, 방화는 이번 화재의 원인이 아니다. → 방화는 아니므로 참이다.

㉣ 정에게 이번 화재의 책임이 있다면, 시설 노후화로 인한 누전이 이번 화재의 원인이다. → 누전이라는 사실이 도출되지 않으므로 거짓이다.

13 새로운 경쟁사들이 시장에 진입할 가능성은 경쟁사(Competitor) 분석에 들어가야 할 질문이다.

14 두 번째 전제의 대우인 '동호회를 선호하는 사람은 책을 좋아하지 않는다.'와 세 번째 전제인 '나는 동호회를 선호한다.'를 유추해 볼 때 '나는 책을 좋아하지 않는다.'의 결론을 내릴 수 있다.

15 ㉠ a를 '을'팀이 맡는 경우 : 4개의 프로젝트를 맡은 팀이 2팀이라는 조건에 어긋난다. 따라서 a를 '을'팀이 맡을 수 없다.

갑	c, d, e	0 → 3개
을	a, b	1 → 3개
병		2 → 3개
정		2 → 3개
무		3 → 4개

㉡ f를 '갑'팀이 맡는 경우 : a, b를 '병'팀 혹은 '정'팀이 맡게 되는데 4개의 프로젝트를 맡은 팀이 2팀이라는 조건에 어긋난다. 따라서 f를 '갑'팀이 맡을 수 없다.

갑	f	0 → 1개
을	c, d, e	1 → 4개
병	a, b	2 → 4개
정		2 → 3개
무		3 → 4개

㉢ a, b를 '갑'팀이 맡는 경우 기존에 수행하던 프로젝트를 포함해서 2개의 프로젝트를 맡게 된다.

갑	a, b	0 → 2개
을	c, d, e	1 → 4개
병		2 → 3개
정		2 → 3개
무		3 → 4개

16 甲~戊가 먹은 사탕을 정리하면 다음과 같다.

구분	甲	乙	丙	丁	戊
맛	사과 + 딸기	사과	포도 or 딸기	포도 or 딸기	포도
개수	2개	1개	1개	1개	1개

17 乙과 甲, 乙과 丙이 '동갑' 관계이고 甲과 丙이 '위아래' 관계이므로 甲, 乙, 丙의 관계는 '모호'하다.

18 지원 구분에 따르면 모친상과 같은 경조사는 경조사 지원에 포함되어야 한다. 따라서 F의 구분이 잘못되었다.

19 2017년 변경된 사내 복지 제도에 따르면 1인 가구 사원에게는 가~사 총 7동 중 가~다동이 지원된다.

20 35명이므로 2인실을 이용할 경우 총 18개의 방이 필요하게 된다. 또한 회의실과 운동장을 사용하게 되므로 식사를 제외한 총 소요비용은 900,000 + 250,000 + 130,000 = 1,280,000원이 되어 식사비용으로 총 1,220,000원을 사용할 수 있다.

따라서 낙지볶음 30인분과 설렁탕 5인분, 삼겹살 55인분과 마른안주 10개, 맥주와 소주 각각 40병은 240,000 + 35,000 + 500,000 + 110,000 + 180,000 + 140,000 = 1,255,000원이 되어 예산을 초과하게 된다.

② 삼겹살 60인분과 맥주, 소주 각각 30병은 740,000원이 되므로 식사류 어느 메뉴를 주문해도 예산을 초과하지 않게 된다.

③ 600,000 + 132,000 + 144,000 + 135,000 + 105,000 = 1,116,000원이 되어 주문이 가능하다.

④ 삼겹살 60인분, 골뱅이 무침 10개와 맥주 50병은 915,000원이므로 역시 식사류 어느 것을 주문해도 예산을 초과하지 않게 된다.

21 사회적으로 문제가 되는 공직자의 비리, 부정부패는 책임 윤리의 부재에서 비롯된 것이다. 이러한 문제를 해결하기 위해서는 사회적 지위에 맞게 역할을 수행해야 한다는 정명(正名) 정신이 필요하다.

22 ㉠ 직업은 명예와 부를 획득하기 위한 수단적 행위로 보기 어렵다.
㉢ 예를 통해 나누어지는 사회적 역할을 강조하는 것은 주어진 상황의 A에 대한 조언으로 알맞지 않다.

23 명장은 자신의 재능을 기부하여 지역 주민의 삶을 풍요롭게 하는 등 사회적 책임감을 수행하는 사람이다.

24 기업윤리와 직장생활의 안정을 도모하기 위해 동료에게 나의 아이디어였음을 솔직히 말하라고 설득하는 것이 가장 적절하다.

25 개인적인 감정은 되도록 배제하면서 알고 있는 사실과 현재의 상황에 대해 설명하고 불편함을 개선해나가는 것은 직업윤리에 어긋나지 않는다.

26 계열사 또는 협력업체와의 관계는 일방적이기보다는 상호보완적인 형태가 바람직하다. 따라서 협력업체 현장 담당자에게 작업지침에 대한 사항을 문의하고 해결방안을 찾도록 하는 것이 적절하다.

27 가능한 한 회사 기밀이 유출되지 않는 방법으로 해결하는 것이 가장 바람직하다. 아무리 사적으로 친하고 정이 있다고 하여도 기업과 개인을 비교하는 것은 그 기준이 다르므로 함부로 회사 기밀을 유출하는 것은 올바르지 못하다. 따라서 주변에 조언을 구하여 사적인 관계가 무너지지 않도록 원만히 해결해야 한다.

28 주어진 내용에서 A는 바나나 재배에 관한 끊임없는 도전과 노력 그 자체에서 직업 생활의 보람을 찾고 있다.

29 ⓒ 연대의식의 해체는 직장에서의 인간관계를 어렵게 하고, 직업의 사회적 의미를 퇴색시킨다.
　ⓜ 협회의 강령을 잘 준수하는 것도 훌륭한 직업인의 자세이다.

30 ㉠ 기업이 인권을 보호하기 위해 노력한 활동으로 사회적 책임을 수행한 사례에 해당한다.
　ⓒ 지역 사회의 이익을 함께 추구하는 기업 활동으로 기업의 사회적 책임을 수행한 사례에 해당한다.
　ⓛⓔ 기업이 이윤을 확대하기 위해 취한 행동으로 기업의 사회적 책임 수행과는 거리가 멀다.

31 • 앞의 항의 분모에 2^1, 2^2, 2^3, …… 을 더한 것이 다음 항의 분모가 된다.

• 앞의 항의 분자에 3^1, 3^2, 3^3, …… 을 더한 것이 다음 항의 분자가 된다.

따라서 $\dfrac{121+3^5}{33+2^5} = \dfrac{121+243}{33+32} = \dfrac{364}{65}$

32 첫 번째 수를 두 번째 수로 나눈 후 그 몫에 1을 더하고 있다.

$20 \div 10 + 1 = 3$, $30 \div 5 + 1 = 7$, $40 \div 5 + 1 = 9$

33 피자 1판의 가격을 x, 치킨 1마리의 가격을 y라고 할 때, 피자 1판의 가격이 치킨 1마리의 가격의 2배이므로 $x = 2y$가 성립한다.

피자 3판과 치킨 2마리의 가격의 합이 80,000원이므로, $3x + 2y = 80,000$이고 여기에 $x = 2y$를 대입하면 $8y = 80,000$이므로 $y = 10,000$, $x = 20,000$이다.

34 P도시에서 Q도시로 가는 길은 3가지이고, Q도시에서 R도시로 가는 길은 2가지이므로, P도시를 출발하여 Q도시를 거쳐 R도시로 가는 방법은 $3 \times 2 = 6$가지이다.

35 ㉠ 평균 한 사람당 12,000원이므로 총 금액은 $12000 \times 7 = 84,000$원

㉡ 정수가 음료수 값까지 더 냈으므로 이 값을 제외한 금액은 $84000 - 24000 = 60,000$원

㉢ 친구 6명이서 나누어내므로, $60000 \div 6 = 10,000$원

36 물통의 용량을 1이라 할 때, A관은 시간당 $\dfrac{1}{5}$ 만큼, B관은 시간당 $\dfrac{1}{7}$ 만큼의 물이 채워진다.

처음 1시간은 A관만 사용하고, 이후의 시간은 A, B관 모두 사용하였으므로 이후의 시간을 t 라 할 때,

$$\dfrac{1}{5}+t\left(\dfrac{1}{5}+\dfrac{1}{7}\right)=1, \quad t=\dfrac{7}{3}=2시간 20분$$

∴ 물통이 가득 찰 때까지 걸리는 시간은 3시간 20분이다.

37 십의 자리 숫자를 x, 일의 자리 숫자를 y 라고 할 때,

$x+y=11 \cdots ㉠$

$3(10y+x)+5=10x+y \cdots ㉡$

㉡을 전개하여 정리하면 $-7x+29y=-5$ 이므로

㉠ × 7 + ㉡을 계산하면 $36y=72$

따라서 $y=2$, $x=9$ 이다.

38 • 2012년에 우리나라 총 수입에서 칠레산 상품이 차지하는 비율이 두 번째로 낮은 상품 : 축산물

• 2003년 대비 2013년 축산물의 수입액 증가율 : $\dfrac{114,442-30,530}{30,530}\times 100 ≒ 274.9\%$

39 • 총 학생의 평균 독서량은 을의 독서량의 3배이므로, $2\times 3=6$ 권이 된다.

• 갑의 독서량을 x 라 하면, $\dfrac{x+2+6+4+8+10}{6}=6, \quad ∴ \ x=6(권)$

• 갑의 독서량이 전체에서 차지하는 비율 : $\dfrac{6}{6+2+6+4+8+10}\times 100 ≒ 16.7\%$

40 ㉠ 100개(5세트)가 필요하다. 10만 원×5세트＝50만 원

㉡ 100개(4세트)가 필요하다. 15만 원×4세트＝60만 원

㉢ 50개(5세트)가 필요하다. 7만 원×5세트＝35만 원

㉣ 50개(5세트)가 필요하지만 40개(4세트)를 사면 단품 10개를 증정 받을 수 있다.

　　10만 원×4세트＝40만 원

∴ C 보호매트가 가장 저렴하다.

41 민수는 각 팀장들에게 프로젝트 성공 시 전원 진급을 약속하였지만 결국 그 약속을 이행하지 못했으므로 정답은 ④이다.

42 ①②③ 전형적인 독재자 유형의 특징이다.

※ **파트너십 유형의 특징**

㉠ 평등

㉡ 집단의 비전

㉢ 책임 공유

43 조직구성원들이 신뢰를 가질 수 있는 카리스마와 함께 조직변화의 필요성을 인지하고 그러한 변화를 나타내기 위해 새로운 비전을 제시하는 능력을 갖춘 리더십을 말한다.

44 T그룹에서 워크숍을 하는 이유는 직원들 간의 단합과 화합을 키우기 위해서이고 또한 각 부서의 장에게 나름대로의 재량권이 주어졌으므로 위의 사례에서 장부장이 할 수 있는 행동으로 가장 적절한 것은 ①번이다.

45 M과 K 사이의 갈등이 있음을 발견하게 되었으므로 즉각적으로 개입하여 중재를 하고 이를 해결하는 것이 리더의 대처방법이다.

46 인간관계에서 신뢰를 구축하는 방법(감정은행계좌를 정립하기 위한 예입 수단)
  ㉠ 상대방에 대한 이해와 양보
  ㉡ 사소한 일에 대한 관심
  ㉢ 약속의 이행
  ㉣ 칭찬하고 감사하는 마음
  ㉤ 언행일치
  ㉥ 진지한 사과

47 갈등은 문제 해결보다 승리를 중시하는 태도에서 증폭된다.

48 위의 사례에서 고객은 자신의 잘못으로 핸드폰 케이스가 깨졌는데도 불구하고 무상 교체를 해줘야 한다고 트집을 잡고 있으므로 트집형 고객임을 알 수 있다.

49 ① 협상 당사자들 간에 협동과 통합으로 문제를 해결하고자 하는 협력적 문제해결전략이다.
  ② 무 행동전략으로 협상으로부터 철수하는 철수전략이다. 협상을 피하거나 잠정적으로 중단한다.
  ③ 경쟁전략으로 자신이 상대방보다 힘에서 우위에 있을 때 자신의 이익을 극대화하기 위한 공격적인 전략이다.
  ④ 양보전략으로 상대방이 제시하는 것을 일방적으로 수용하여 협상의 가능성을 높이려는 전략이다.

50 ㉢ 의견불일치-㉠ 대결국면-㉤ 격화국면-㉡ 진정국면-㉣ 갈등의 해소

	회독 오답수		
	1회독	2회독	3회독
	개	개	개

02 직무수행능력평가

1	2	3	4	5	6	7	8	9	10
①	③	①	②	②	④	④	②	①	③
11	12	13	14	15	16	17	18	19	20
③	③	③	③	①	③	④	④	③	①
21	22	23	24	25	26	27	28	29	30
④	②	③	①	④	①	③	①	④	②
31	32	33	34	35	36	37	38	39	40
④	④	②	③	④	①	①	①	②	③
41	42	43	44	45	46	47	48	49	50
④	③	②	④	③	②	①	④	③	②

1 부여의 사회 모습을 보여주는 사료이다. 부여는 왕 아래에 가축의 이름을 딴 마가, 우가, 저가, 구가라는 부족장이 존재하였으며 이들은 사출도를 다스렸다. 이들은 왕을 선출하기도 하고 흉년이 들면 왕에게 책임을 묻기도 하였다.

2 신라 신문왕의 개혁 내용이다. 신문왕은 전제 왕권 강화를 위해 국학 설립, 관료전 지급, 9주 5소경 체제 등을 추진하였다. 그리고 귀족이 조세를 수취하고 노동력을 징발할 수 있는 녹읍을 폐지함으로써 귀족 세력의 경제적 기반을 약화시켰다.

3 고려의 대외관계 주요 사건 순서
서희의 외교담판 → 귀주대첩 → 천리장성 축조 → 별무반 편성 → 동북 9성 축조 → 몽골 침입 → 강화도 천도 → 삼별초 항쟁 → 쌍성총관부 수복

4 지눌은 무신 정권 성립 이후 불교계가 타락하자 정혜결사(수선사)를 조직하여 신앙 결사 운동을 전개하였다. 이러한 결사 운동은 이후 조계종으로 발전하였다. 교종의 입장에서 선종을 통합한 의천과 달리, 지눌은 선종을 중심으로 교종을 포용하는 선·교 일치의 사상 체계를 정립하였다.

5 귀주대첩(1019) → 이자겸의 난(1126) → 무신정변(1170) → 개경환도(1270) → 위화도회군(1388)

6 벽란도는 고려 때의 국제 무역항이다. 개경에 가까운 예성강은 물이 비교적 깊어 강어귀에서 약 20리 되는 벽란도까지 큰 배가 올라갈 수 있었으며, 송(宋)·왜(倭)·사라센(Sarasen) 등의 상인들이 그칠 사이 없이 드나들었다.

7 앙부일구는 해시계로 종로 등에 설치하여 오가는 사람에게 시간을 알려주었다. 세종은 집현전 학자들과 함께 훈민정음을 창제하여 민족 문화를 발전시켰다.

8 고구려는 5부족 연맹체를 토대로 발전하였다. 왕 아래 상가, 고추가 등의 대가가 존재하였으며, 이들은 독자적인 세력을 유지하였다. 국가의 중대사는 제가회의를 통해 결정하였으며, 10월에는 추수감사제인 동맹이 열렸고 데릴사위제가 행해졌다.

9 제시된 내용은 신라의 승려인 원효에 대한 내용이다. 원효는 화쟁 사상을 중심으로 불교의 대중화에 힘쓴 인물이다.

10 무오사화(1498) - 갑자사화(1504) - 기묘사화(1519) - 을사사화(1545)

11 농장의 경우 이는 인간이 인위적으로 조성한 공간이므로 자연 관광자원이 아닌 인문 관광자원으로 구분된다.

12 ③ 관광산업의 경우 외부 환경의 변화(정치, 경제, 기후 등)에 상당히 민감하게 반응한다.
① 관광사업의 경우 특정한 지역의 자연환경, 문화유산 등의 특정 자원에 의존한다.
② 관광사업의 경우 교통, 숙박, 음식, 오락 등의 다양한 서비스 및 주체 등이 결합된 복합 산업이기 때문에 주체 및 내용이 복합적이다.
④ 관광의 경우 이는 주로 서비스 중심의 무형재를 소비하는 산업이므로 무형의 서비스를 중요시 한다.

13 관광을 구성하는 3요소는 여행자(traveler), 이동(movement), 체류(stay)이다. 단순히 통과만을 하는 사람은 체류를 하지 않으므로 이는 '여행자'에 속하지 않는다.

14 여행업의 경우 관광객에게 여행에 필요한 여러 가지 서비스를 제공하거나 알선하는 업무를 수행하는데, 농산물의 직거래는 여행업의 본질과는 관련이 없으며, 이는 농업관련 사업 또는 유통업과 관련이 깊다.

15 ② 테이크아웃(take out)은 소비자가 점포에서 음식을 포장해 나가는 방식을 말한다.
③ 딜리버리 서비스(delivery service)는 주문한 음식을 배달원이 소비자의 집이 또는 사무실 등으로 직접 배달해 주는 방식을 말한다.
④ 바이킹(viking)은 스스로 음식을 골라 먹는 식사 형태 즉, 뷔페식 음식 제공 방식을 말한다.

16 블루오션은 신수요를 창출하지만 그 전에, 해당 시장에 대한 철저한 시장분석이 필수적이다.

17 인적자원 계획(HRM Planning)의 경우 미래의 인력 수요 및 공급 등을 분석하여 인력의 부족 및 과잉 등을 예방하는 것을 목적으로 하고 있다.

18 e-Learning의 경우에는 비대면 학습으로 인해 사람과의 상호작용은 제한적일 수 있다.

19 관광자의 의사결정과정은 다음과 같다.
   ㉠ 문제인식(여행에 대한 욕구나 필요를 느끼는 단계)
   ㉡ 정보탐색(여행지, 가격, 일정 등의 관련 정보를 수집하는 단계)
   ㉢ 대안평가(여행지 또는 상품 등을 비교 분석하는 단계)
   ㉣ 대안선택(목적지 또는 상품 등을 결정하는 단계)
   ㉤ 선택 후 평가(여행 후에 만족 여부를 판단하며, 이는 추후 의사결정에 영향을 주는 단계)

20 ② 메가(Mega) 쇼핑몰은 대형 쇼핑 중심의 시설일 뿐이지 관광 복합의 목적은 아니다.
   ③ 관광특구는 특정한 지역 전체에 여러 관광 인프라가 조성된 행정구역의 개념을 말한다.
   ④ 디즈니월드는 특정한 테마파크 브랜드이자 시설의 이름을 의미한다.

21 손실유도 전략은 특정 상품의 가격을 저렴하게 책정함으로써 소비자들을 점포로 유인하여 다른 제품의 매출을 증가시키는 가격 전략이다.

22 잠재적 수요는 개발적 마케팅 전략을 사용한다.

23 ① 이중요율은 가격의 체계가 기본요금 및 사용요금의 두 가지로 이루어진 것을 의미한다.

② 유보가격은 소비자가 특정의 상품에 대해 구매를 하기 위해서 지불할 수 있는 최대 금액을 의미한다.

③ 준거가격은 소비자가 제품에 대해서 가격이 비싼지 또는 저렴한지를 판단하는 데 있어 기준으로 삼는 가격을 의미한다.

④ 단수가격은 제품가격을 100원, 1000원 등으로 하지 않고 95원, 990원 등의 단수를 붙여 판매하는 것을 의미한다.

24 직영점형 체인사업은 체인본부가 주로 소매점포를 직영하되 가맹계약을 체결한 일부 소매점포에 대하여 상품의 공급 및 경영지도를 계속하는 형태의 체인사업을 말한다.

25 애프터서비스는 확장 제품에 해당한다.

26 마케팅 믹스 요소 중 가격은 타 요소와는 다르게 용이하게 변경이 가능한데 예를 (price)들어 개발한 상품을 개선 또는 변경하는 데 있어서 많은 노력과 시간 및 비용이 들게 되며 광고와 유통경로도 한 번 설정되면 변경하기가 상당히 까다로워진다 하지만 가격의 경우에는 변경을 하겠다고 마음을 먹게 되면 즉각적으로 실행에 옮기기가 용이하다.

27 전속적 유통은 소비자가 제품구매를 하는 데 있어 열성적으로 정보탐색을 하고 이러한 제품을 판매하는 점포에까지 가서 기꺼이 구매에 드는 수고로움을 감수하는 특성을 가진 전문품에 적합한 전략이다.

28 각 촉진믹스별 대표적인 수단은 다음과 같다.

촉진믹스 요소	대표적 수단
PR	스폰서십 홈페이지 사회봉사활동 보도자료 등
판매촉진	샘플 경품 할인쿠폰 사은품 등
광고	인쇄광고 방송광고 온라인광고 옥외광고 등
인적판매	고객초청세미나 프리젠테이션 등
구전	소셜 미디어 대면접촉 등

29 컨조인트 분석은 제품 및 서비스가 가지고 있는 속성에 대해 고객이 선호하는 형태를 측정함으로써 그 고객이 어떤 제품을 선택할 것인지 예측하는 기법이다.

30 사전형 방법은 가장 중요한 속성 면에서 가장 우수한 브랜드를 고려하는 방법이다.

31 •벌로(D. Berlo, 1960)는 일반적인 사회생활 과정에서 이루어지는 송신자로부터 수신자에게 의사소통을 위한 내용이 전달되는 과정의 요소로 송신자, 메시지(전달내용), 경로, 수신자 사이에서 이루어지는 상호작용 관계의 4가지 요소를 말한다.

32 대인 커뮤니케이션 메시지의 흐름은 대체로 쌍방향이다. 반대로 매스 커뮤니케이션 메시지의 흐름은 일방적이다.

참고 대인 커뮤니케이션 및 매스 커뮤니케이션의 비교

특성	대인 커뮤니케이션	매스 커뮤니케이션
메시지의 흐름	대체로 쌍방향	대체로 일방적
커뮤니케이션의 상황	대면적	간접적
즉각적인 피드백의 양	많음	적음
수용자들의 선별적인 노출의 정도	많음	많음
다수 수용자에 대한 전달속도	비교적 느림	비교적 빠름
가능한 효과	태도형성 및 변화	지식의 습득

33 ① 정보전달기능은 개인과 집단 또는 조직 등에 정보를 전달해 주는 기능으로써 의사 결정의 촉매제 역할을 하며, 여러 대안을 파악하고 평가하는데 있어 필요한 정보를 제공해 줌으로써 의사결정을 원활히 이루어지게 하는 것을 말한다.

② 정서기능은 조직의 구성원들이 자기 자신의 감정을 표현하고 사회적인 욕구를 충족시켜주는 역할을 한다고 보는 것으로 구성원 스스로가 집단이나 조직에서 이루어지는 기쁨, 고충, 만족감이나 불쾌감 등을 토로하고 자신의 감정을 표출하며 다른 사람과의 교류를 넓혀나가는 것을 말한다.

③ 동기유발 기능은 조직구성원들이 해야 할 일, 직무성과를 개선하며 이를 달성하기 위해서 어떻게 해야 하는지, 다른 구성원들과 어떠한 방식으로 협동해야 하는지 등을 구체적으로 알려주는 매체 역할을 하는 것을 말한다.

④ 통제기능은 조직구성원들의 행동을 조정 통제하는 기능을 하는데, 이는 조직구성원들의 행동이 어떤 특정한 방향으로 움직이도록 통제하는 것을 말한다.

34 상호의존이론은 서로 간 관계에 대한 만족 및 안정성의 결정요인이 다르며, 관계 만족의 결정 기준은 비교의 수준으로 관계에서 얻는 이득이 비교 수준보다 높은가에 의해 관계 만족의 여부가 결정되며, 안정성의 결정기준은 대안 비교 수준으로 관계에 만족해도 대안에서 얻을 수 있는 이득이 더 높다면 현재 관계를 청산하고, 만족하지 않아도 대인관계가 더 열악하다면 관계를 유지한다는 것을 말한다.

35 이미지(Image)는 대상에 대해 지니게 되는 하나의 준거체계이다. 또한 어떠한 대상에 대해 지각하게 되는 모든 것들과 그에 따른 반응 행동들을 정하게 되는 태도 및 느낌의 총합이라 할 수 있다.

36 ① 프레젠테이션의 과정 중 결론에 대한 것이다.

②③④ 도입(서론) 부분에 관한 설명이다.

37 ① 과묵형은 가급적 말을 적게 하고, 보여주는 것을 많이 하며, 결론을 빠르게 전달하는 형태를 취한다.

② 자기 도취형은 칭찬을 하고, 맞장구를 쳐 주고, 자랑하지 않도록 하는 형태를 취한다.

③ 권위형은 일종의 튀는 행동을 자제하고, 형식을 중시하며, 호감을 보이는 행동 형태를 취한다.

④ 불만 표출형은 간결하게 이야기하고, 불만에 대해 예민하게 반응하지 않으며, 객관적인 부분을 강조하여 설명하는 형태를 취한다.

38 스토리텔링 구성 요소에는 목적성, 데이터, 진정성이 포함되며 그 내용은 다음과 같다.

㉠ 진정성이란 청중들이 이야기 내용을 신뢰할 수 있도록 발표자의 생각과 의도에 대해 진실함을 가지고 발표해야 한다.

㉡ 목적성이란 듣는 사람에게서 어떠한 행동을 이끌어내는 것을 목표로 해야 한다. 이를 위해 청중들이 쉽게 이해할 수 있고, 쉽게 기억할 수 있으며, 청중들이 해당 스토리를 다른 사람에게 다시 이야기할 수 있어야 한다.

㉢ 데이터란 근거가 되는 데이터는 신뢰할 수 있어야 하고, 이야기와 함께 신뢰할 수 있는 데이터를 제시할 때 청중들은 쉽게 이해하고 기억할 수 있다.

39 구매가능자는 자사 상품을 필요로 할 수 있으며, 구매능력이 있는 사람으로 이들은 이미 자사의 상품에 대한 정보를 지니고 있다.

40 컨벤션은 컨벤션 주최기구, 개최국가, 지역 등에 직접적인 이익이 발생한다.

41 바람직한 사업부의 이동경로는 물음표 → 별 → 자금젖소 → 개의 순서이다.

42 마이클 포터는 기업이 느끼는 위협의 5가지 원천으로 산업 내 기존 경쟁자, 공급자와 구매자의 협상력, 잠재적 진입기업 및 대체품의 위협을 제시하고 있다.

43 서비스품질(SERVQUAL)을 측정 시 고객의 기대와 성과에 대한 차이가 작으면 서비스 품질에 대한 평가가 높아진다.

44 브레인스토밍은 문제 해결을 위한 자주적인 아이디어 제안을 소수가 참석한 대면접촉을 통해 집단토의방식으로 회의를 진행한다. 반면, 델파이기법은 의사결정 과정에 일체의 대화 없이 반복적인 피드백과 통계 처리에 의해 아이디어를 수렴해 나간다.

45 고객이 서비스 제공자를 선택하는 기준으로는 이용 가능성, 편의성, 신뢰성, 개인화, 가격, 품질, 명성, 안전, 속도 등이 있다.

46 서비스 전략은 서비스기업의 목표를 달성하기 위하여 기업의 미래 나아가야 할 방향, 자원의 확보, 자원의 분배를 결정하는 것이다. 그러므로, 서비스 전략은 기업의 위치와 비전으로부터 시작하며 목표 세분시장의 선정, 전략적 서비스 개념의 개발, 운영전략의 수립, 서비스 제공시스템(전달 시스템) 등이 고려되어 수립된다.

47 서비스가 제공되기 위해서는 미리 설치되어 있어야만 할 실체적 자원은 기본 시설(supporting facility)이다.

48 전략적 서비스 개념에서의 구조적 요소로는 제공시스템, 시설 설계, 위치, 능력계획 등이 있다. ④의 서비스 접점은 관리적 요소에 해당한다.

49 서비스 정위화(service positioning)는 시장에서의 상품과 기업의 차별적인 위치를 설정하고 유지하는 과정인데, 이는 시장세분화를 기초로 정해진 표적시장의 고객 마음속에 차별화된 독특한 서비스 이미지를 형성하는 것으로 '고객 마음속에 자리매김하는 것'을 말한다.

50 환경변화는 시장의 특성과 성격을 변화시키고 있으므로, 이러한 변화에 대처하기 위한 효과적인 정위화 전략 수립이 요구되는 것은 적응적 정위화(adaptive positioning)이다.

01 직업기초능력평가

1	2	3	4	5	6	7	8	9	10
②	③	②	②	①	③	①	①	④	③
11	12	13	14	15	16	17	18	19	20
①	④	②	③	②	④	②	③	②	③
21	22	23	24	25	26	27	28	29	30
②	②	①	②	④	③	①	③	④	②
31	32	33	34	35	36	37	38	39	40
③	④	②	③	③	④	③	④	③	④
41	42	43	44	45	46	47	48	49	50
③	①	③	④	④	④	③	③	②	③

1 관점 A – 객관적인 정보에 의해서 결정

관점 B – 객관적 요소 뿐 아니라 주관적 인지와 평가에 좌우

관점 C – 개인의 심리적 과정과 속한 집단의 문화적 배경에도 의존

㉠ 관점 B는 객관적인 요소에 영향을 받는다.

㉡ 관점 B는 주관적 인지와 평가, 관점 C는 문화적 배경

㉢ 민주화 수준이 높은 사회는 개인이 속한 집단의 문화적 배경에 해당하므로 관점 C에 해당하며, 관점 A는 사회 구성원들이 기후변화의 위험에 더 민감한 태도를 보인다는 것을 설명할 수 없다.

2 토크빌은 시민들의 정치적 결사가 소수자들이 다수의 횡포를 견제할 수 있는 수단으로 온전히 가능하기 위해서는 도덕의 권위에 호소해야 한다고 보았다.

	회독 오답수		
	1회독	2회독	3회독
	개	개	개

3 ① 긍정적이고 능동적으로 활동하는 성질
② 괴로움이나 어려움을 참고 견딤
③ 정성스럽고 참됨
④ 새로운 의견을 생각하여 냄. 또는 그 의견

4 '일절'과 '일체'는 구별해서 써야 할 말이다. '일절'은 부인하거나 금지할 때 쓰는 말이고, '일체'는 전부를 나타내는 말이다.

5 배경지식이 전혀 없던 상태에서는 X선 사진을 관찰하여도 아무 것도 찾을 수 없었으나 이론과 실습 등을 통하여 배경지식을 갖추고 난 후에는 X선 사진을 관찰하여 생리적 변화, 만성 질환의 병리적 변화, 급성질환의 증세 등의 현상을 알게 되었다는 것을 보면 관찰은 배경지식에 의존한다고 할 수 있다.

6 A요금제와 B요금제를 계산해 보면 6개월에 A요금은 650,000원, B요금은 770,000원이 나오므로 A요금이 더 저렴하다는 것을 보고해야 한다. 그러나 본인에게 검토해서 보고하라고 하였으므로 타인의 의견이 아닌 본인이 직접 검토해 보아야 한다.

7 상하이와 요코하마에서는 영국인에 의해 영자신문이 창간되었다고 언급했다. 그러나 주어진 글로는 이들이 서양 선교사들인지는 알 수 없다.

② 정부 차원에서 관료들에게 소식을 전하는 관보가 있었으나 민간인을 독자로 하는 신문은 개항 이후 새롭게 나타난 신문들이다.

③ 'ㅇㅇ신보'라는 용어가 유래된 것은 「상하이신보」로 영국의 민간회사에서 만들었고, '△△일보'라는 용어가 유래된 것은 「순후안일보」로 상인에 의해 창간되었다.

④ 자국민에 의한 중국어 신문은 1874년에 출간된 「순후안일보」가 최초이고, 자국민에 의한 일본어 신문은 1871년에 출간된 「요코하마마이니치신문」이 최초이다.

8 "희생제의의 기원이나 형식을 밝히기 위한 종교현상학적 연구들이 시도되어 왔다. 그리고 인류학적 연구에서는 희생제의에 나타난 인간과 문화의 본질에 대한 탐색이 있어 왔다."를 보면 인간 사회의 특성과 사회 갈등 형성 및 해소를 희생제의와 희생양의 관계를 통해 설명하는 것은 인류학적 연구이다.

9 바이러스 Y는 람다-파지 방식으로 감염되므로 나선형이 될 수 없다.

① 바이러스 X는 람다-파지 방식으로 감염되므로 원통형일 수도 있고 아닐 수도 있다.

② 바이러스 X는 람다-파지 방식으로 감염되므로 호흡기에 감염될 수 있다.

③ 바이러스 Y는 람다-파지 방식으로 감염되므로 호흡기에 감염될 수도 있고 아닐 수도 있다.

10 ㈎는 짝짓기 경쟁으로 인해 성비의 불균형이 나타난다고 본다. 그러나 ㈐는 남자에 비해 여성이 소수인 경우 짝짓기 경쟁의 원인을 성비 불균형으로 보고 있다.

11 내용을 잘 읽어보면 '특정 행위 결과를 행위자가 의도했는가에 대한 사람들의 판단은 그 행위 결과의 도덕적 여부에 대한 판단에 의존한다'가 결론임을 알 수 있다.

ⓒ의 경우 부도덕한 의도를 가지고 부도덕한 결과를 낳는 행위는 위 지문에 나와 있지 않으므로 무관한 내용이다.

ⓒ의 경우 두 행위자가 동일한 부도덕한 결과를 의도했음이 분명한 경우에 대한 내용이 위 지문에서 찾을 수 없으므로 무관한 내용이다.

12 글의 내용을 분석해 보면 철이, 돌이, 석이 중 적어도 한 사람은 영이를 좋아한다.

철이가 영이를 좋아한다면 영이는 건강한 여성이다.

돌이가 영이를 좋아한다면 영이는 능력 있는 사람이다.

석이가 영이를 좋아한다면 영이는 원만한 성격의 소유자이다.

① 참

② 참

③ 참

④ 거짓(철이와 돌이가 둘 다 좋아할 수도 있음)

13 후쿠오카공항(K13)역에서 나카스카와바타(K09)역까지 4개 역을 이동하는 데 12분이 걸리고, 공항선에서 하코자키선으로 환승하는 데 10분, 나카스카와바타(H01)역에서 지요겐초구치(H03)역까지 2개 역을 이동하는 데 6분이 걸린다. 따라서 후쿠오카공항(K13)역에서 오전 9시에 출발할 경우, 지요겐초구치(H03)역에는 28분 후인 9시 28분에 도착한다.

14 지요겐초구치(H03) → 무로미(K02) → 후쿠오카공항(K13) → 자야미(N09) → 덴진미나미(N16)의 순으로 움직인다면, H03역에서 K02역으로 이동 할 때 1번, K02역에서 K13역으로 이동할 때 1번, K13역에서 N09역으로 이동할 때 1번으로, 총 3번 덴진(K08)역을 지난다.

15 시제품 B는 C에 비해 독창성 점수가 2점 높지만 총점은 같다. 따라서 옳지 않은 발언이다.

16 가팀, 다팀을 연결하는 방법은 2가지가 있는데.

㉠ 가팀과 나팀, 나팀과 다팀 연결 : 3 + 1 = 4시간

㉡ 가팀과 다팀 연결 : 6시간

즉, 1안이 더 적게 걸리므로 4시간이 답이 된다.

17 다팀, 마팀을 연결하는 방법은 2가지가 있는데.

    ㉠ 다팀과 라팀, 라팀과 마팀 연결 : 3 + 1 = 4시간

    ㉡ 다팀과 마팀 연결 : 2시간

    즉, 2안이 더 적게 걸리므로 2시간이 답이 된다.

18 제시된 설문조사에는 광고 매체 선정에 참고할 만한 조사 내용이 포함되어 있지 않다. 따라서 ③은 이 설문조사의 목적으로 적합하지 않다.

19 A와 D의 면접 점수(x로 치환)가 동일하므로 $14 + 18 + 19 + 16 + 2x = 17.5 \times 6 = 105$가 된다. 따라서 A와 D의 면접 점수는 19점이 된다. 이를 통해 문제의 표를 정리하면 다음과 같다.

응시자 \ 분야	어학	컴퓨터	실무	NCS	면접	평균
A	16	14	13	15	19	15.4
B	12	14	10	10	14	12.0
C	10	12	9	10	18	11.8
D	14	14	20	17	19	16.8
E	18	20	19	17	19	18.6
F	10	13	16	15	16	14
계	80	87	87	84	105	88.6
평균	13.3	14.5	14.5	14	17.5	14.8

따라서 2명의 최종 채용자는 D와 E가 된다. 그러므로 ②와 같은 조건의 경우에는 A와 D의 평균 점수가 각각 16.8점과 15.4점이 되어 최종 채용자가 A와 E로 바뀌게 된다.

① E의 평균 점수가 17.6점이 되어 여전히 1위의 성적이므로 채용자는 변경되지 않는다.

③ F의 평균 점수가 16점이 되므로 채용자는 변경되지 않는다.

④ B의 평균 점수가 16점이 되므로 채용자는 변경되지 않는다.

20 다음 달의 첫째 날이 금요일이므로 아래와 같은 달력을 그려 볼 수 있다.

일	월	화	수	목	금	토
					1	2
3	4	5	6	7	8	9
10	11	12	13	14	15	16
17	18	19	20	21	22	23
24	25	26	27	28	29	30

3박 4일 일정이므로 평일에 복귀해야 하며 주말이 모두 포함되는 일정을 피하기 위해서는 출발일이 일, 월, 화요일이어야 한다. 또한 출장 결과 보고를 위해서는 금요일에 복귀하게 되는 화요일 출발 일정도 불가능하다. 따라서 일요일과 월요일에만 출발이 가능하다. 그런데 27일과 13일이 출장 일정에 포함될 수 없으므로 10, 11, 24, 25일은 제외된다. 따라서 3, 4, 17, 18일에 출발하는 4가지 일정이 가능하다.

21 제시문은 기업이 이윤 추구뿐만 아니라 사회적 책임에 대해서 관심을 가져야 한다고 보고 있는 입장이다. 따라서 기업은 이윤을 얻기 위한 활동과 함께 사회의 공익을 증진할 수 있는 활동도 실천해야 한다.

22 용건을 마치면 인사를 하고 상대가 끊었는지를 확인한 후에 끊어야 한다.

23 의사와 교사는 자신의 직업 생활을 통해 인간에 대한 사랑을 실천하고 희생과 헌신 속에서 보람을 느끼는 삶을 살았다.

24 A가 직장에서 사적인 업무로 컴퓨터를 사용하고, 업무시간에 개인적인 용무를 보는 행위는 직업윤리에 어긋난다.

25 가까운 동료가 가지고 있는 어려움을 파악하여 스스로 원만한 해결을 이룰 수 있도록 돕는 것이 가장 적절하다.

26 ① 구매부서 팀장에게 직접 항의하거나 협박하는 것보다는 직원을 먼저 설득하는 것이 바람직하다.

② 설령 저가의 부품을 사용하더라도 클라이언트에게 알리지 않는 것은 바람직하지 않다.

④ 비록 다른 부서의 부당한 업무행위이더라도 아무런 절차 없이 상부에 그대로 보고하는 것은 바람직하지 못하다.

27 높은 직급의 간부로서 이행해야 하는 불편하고 번거로운 지시사항에 대해 불만스러움이 있는 상황이므로 이를 해결해줄 수 있는 조언으로 적절한 것은 ①이다.

28 직장생활에서 개인적으로 혹은 주관적으로 다른 사람을 비방하거나 험담하는 것은 직업윤리에 어긋나는 행위이므로 상사에게 예의를 갖추어 동료에 대한 지나친 농담과 험담이 부당함을 전한다.

29 ④ 직장 밖에서나 업무 외 시간에 불법상거래 및 도박을 하는 것은 기업윤리에 어긋나며 회사에도 안 좋은 영향을 미친다.

30 사회 지도층으로서의 도덕적 의무를 이행하기 위해서 고위공직자 및 전문직 종사자는 사회에 대한 책임감을 가져야 한다.

31 • 앞의 두 항의 분모를 곱한 것이 다음 항의 분모가 된다.

• 앞의 두 항의 분자를 더한 것이 다음 항의 분자가 된다.

따라서 $\dfrac{2+3}{6\times18}=\dfrac{5}{108}$

32 첫 번째 수와 두 번째 수를 더한 후 두 번째 수를 곱하면 세 번째 수가 된다.
$(1+2)\times2=6$, $(2+3)\times3=15$, $(3+4)\times4=28$

33 현재 아버지의 나이를 x라 하면, 어머니의 나이는 $\dfrac{4}{5}x$

2년 후 아들과 어머니의 나이의 조건을 살펴보면

$\left(\dfrac{4}{5}x+2\right)+\left\{\dfrac{1}{3}(x+2)\right\}=65$

$x=55$

아버지의 나이는 55세, 어머니는 44세, 아들은 17세이므로

$55+44+17=116$

34 ㉠ $1\times2^4+0\times2^3+0\times2^2+0\times2^1+1\times2^0=17$

　　㉡ $1\times5^3+2\times5^2+2\times5^1+0\times5^0=185$

　　$\therefore\ 17+185=202$

35 ㉠ 분당 사용 요금을 x라 하면, $1500x=135000$, $x=90$원/min

　　㉡ 하루에 통화한 시간을 y라 하면, $90\times y=1800$, $y=20$분

36 $\dfrac{12+x}{150+x}=\dfrac{31}{100}$

　　$\therefore\ x=50(g)$

37 누나의 나이를 x, 엄마의 나이를 y라 하면,

$2(10+x)=y$

$3(x+3)=y+3$

두 식을 연립하여 풀면,

$x=14(세)$

38 유소년 인구는 매년 지속적으로 감소하는 추이를 보이고 있으나, 생산연령 인구는 증가와 감소가 불규칙적으로 반복되는 추이를 보이고 있음을 알 수 있다.

① 1995년 5.9%를 시작으로 2017년 14.2%에 이르기까지 매년 꾸준히 증가하였다.

② 유소년 인구는 1995년, 생산연령 인구는 2015년, 고령 인구는 2017년에 가장 비중이 높다.

③ 2010년은 $(16.2-19.1) \div 19.1 \times 100 = -15.2\%$이며, 2015년은 $(13.9-16.2) \div 16.2 \times 100 = -14.2\%$가 되어, 2010년의 감소율이 2015년보다 더 크다.

39 상반기의 업무용 열 판매량의 평균 판매량(143,792)은 하반기의 업무용 열 판매량의 평균 판매량(131,917)보다 많다.

① 8월의 경우 업무용 열 판매량이 주택용 열 판매량보다 많다.

② 8월 냉수용 열 판매량의 전월 대비 증가율$(46,347 - 42,638 \div 42,638 \times 100 = 8.7\%)$은 공공용 열 판매량의 전월 대비 증가율$(25,835 - 24,161 \div 24,161 \times 100 = 6.9\%)$보다 높다.

④ 하계기간 냉수용 열 판매량의 총합(118,251)은 동계기간 냉수용 열 판매량의 총합의 5배(128,710)를 넘지 않는다.

40 갑씨가 선택할 수 있는 방법은 총 세 가지이다.

• 오늘 상 · 하의를 모두 구입하는 방법(추가할인적용)

$(250,000 \times 0.7) \times 0.95 + 5,000 = 171,250(원)$

• 오늘 상의를 구입하고, 세일기간이 아닌 기간에 하의를 구입하는 방법(할인쿠폰사용)

$(100,000 \times 0.7) + (150,000 \times 0.6) + 10,000 = 170,000(원)$

• 오늘 하의를 구입하고, 세일기간이 아닌 기간에 상의를 구입하는 방법(할인쿠폰사용)

$(150,000 \times 0.7) + (100,000 \times 0.6) + 10,000 = 175,000(원)$

∴ ㉠ 가장 싸게 구입하는 방법은 오늘 상의를 구입하고, 세일기간이 아닌 기간에 하의를 구입하는 것이다.

㉡ 상 · 하의를 가장 싸게 구입하면 17만 원의 비용이 소요된다.

41 ① 유팀장은 스티커를 이용한 긍정적 강화법을 활용하였다.

② 유팀장은 지금까지 아무도 시도하지 못한 새로운 보안시스템을 개발해 보자고 제안하며 부하직원들에게 새로운 도전의 기회를 부여하였다.

④ 유팀장은 부하직원들에게 자율적으로 출퇴근할 수 있도록 하였고 사내에도 휴식공간을 만들어 자유롭게 이용토록 하는 등 업무환경의 변화를 두려워하지 않았다.

42 〈사례2〉에서 희진은 자신의 업무에 대해 책임감을 가지고 일을 했지만 〈사례1〉에 나오는 하나는 자신의 업무에 대한 책임감이 결여되어 있다.

43 변화에 소극적인 직원들을 성공적으로 이끌기 위한 방법

㉠ 개방적인 분위기를 조성한다.

㉡ 객관적인 자세를 유지한다.

㉢ 직원들의 감정을 세심하게 살핀다.

㉣ 변화의 긍정적인 면을 강조한다.

㉤ 변화에 적응할 시간을 준다.

44 대화를 보면 L사원의 팔로워십이 부족함을 알 수 있다. 팔로워십은 팀의 구성원으로서의 역할을 충실하게 잘 수행하는 능력을 말한다. L사원은 헌신, 전문성, 용기, 정직, 현명함을 갖추어야 하고 리더의 결점이 있으면 올바르게 지적하되 덮어주는 아량을 갖추어야 한다.

45 팀장인 K씨는 U씨에게 팀의 생산성에 영향을 미치는 내용을 상세히 설명하고 이 문제와 관련하여 해결책을 스스로 강구하도록 격려하여야 한다.

46 나팀장의 팀원들은 매일 과도한 업무로 인해 스트레스가 쌓인 상태이므로 잠시 일상에서 벗어나 새롭게 기분전환을 할 수 있도록 배려해야 한다. 그러기 위해서는 조용한 숲길을 걷는다든지, 약간의 수면을 취한다든지, 사우나를 하면서 몸을 푸는 것도 좋은 방법이 될 수 있다.

47 갈등해결방법의 유형
　㉠ **회피형** : 자신과 상대방에 대한 관심이 모두 낮은 경우(나도 지고 너도 지는 방법)
　㉡ **경쟁형** : 자신에 대한 관심은 높고 상대방에 대한 관심은 낮은 경우(나는 이기고 너는 지는 방법)
　㉢ **수용형** : 자신에 대한 관심은 낮고 상대방에 대한 관심은 높은 경우(나는 지고 너는 이기는 방법)
　㉣ **타협형** : 자신에 대한 관심과 상대방에 대한 관심이 중간정도인 경우(타협적으로 주고받는 방법)
　㉤ **통합형** : 자신은 물론 상대방에 대한 관심이 모두 높은 경우(나도 이기고 너도 이기는 방법)

48 노드스트롬은 각각의 직원들이 고객을 최우선으로 여기며 스스로 주인의식을 가지고 자신의 판단 하에 고객이 원하는 방향으로 서비스를 제공한다.

49 직업세계에서 맞이하는 변화의 상황들에 대해 효과적으로 대처하기 위한 12가지 전략

  ㉠ 우리의 생각을 명확히 할 '5가지 행동의 선택'에 관한 질문을 활용한다.

- 우리가 이 변화를 활용해야 하는 이유는 무엇인가?
- 이 변화는 언제 일어날 것인가?
- 어떻게 이 변화를 다룰 것인가?
- 다른 사람에게 이 변화는 무엇을 의미하는가?
- 이 변화는 어떤 사람에게 영향을 미치는가?

  ㉡ 변화에 대처하는 속도를 높인다.

  ㉢ 신속히 의사결정을 한다.

  ㉣ 업무를 혁신한다.

  ㉤ 자기 자신을 책임진다.

50 ① 독재자 유형 : 통제 없이 방만한 상태, 가시적 성과물이 안 보일 때

  ② 민주주의 근접 유형 : 혁신적이고 탁월한 구성원들을 거느리고 있을 때

  ④ 변혁적 유형 : 조직에 있어 획기적 변화가 필요할 때

회독 오답수		
1회독	2회독	3회독
개	개	개

02 직무수행능력평가

1	2	3	4	5	6	7	8	9	10
③	④	②	③	①	④	③	①	④	②
11	12	13	14	15	16	17	18	19	20
①	③	②	②	②	③	①	③	④	①
21	22	23	24	25	26	27	28	29	30
②	②	④	②	③	②	①	④	④	④
31	32	33	34	35	36	37	38	39	40
④	②	②	④	④	①	④	③	②	②
41	42	43	44	45	46	47	48	49	50
③	④	②	③	①	②	③	②	①	②

1 삼별초 항쟁(1270년) → 병자호란(1636년) → 갑오개혁(1894년) → 한글 창제(1910년) → 3 · 1운동(1919년)

2 김홍도는 서민을 주인공으로 하여 밭갈이, 추수, 집짓기, 대장간 등 주로 농촌의 생활상을 그리면서 땀 흘려 일하는 사람들의 일상생활을 소박하고 익살맞게 묘사하였다.

3 창덕궁은 정궁인 경복궁보다 오히려 더 많이 쓰인 궁궐이다. 임진왜란 때 소실된 이후 다시 지어졌고, 1868년 경복궁이 다시 지어질 때까지 경복궁의 역할을 대체하여 임금이 거처하며 나라를 다스리는 정궁 역할을 하였다. 건축사에 있어 조선시대 궁궐의 한 전형을 보여 주며, 후원의 조경은 우리나라의 대표적인 왕실 정원으로서 가치가 높다.

4 신진사대부는 권문세족에 도전하는 고려 후기의 새로운 사회세력으로 유교적 소양이 높고, 행정실무에도 밝은 학자 출신의 관료이다.

5 A. 유관순(1902. 12. 16 ~ 1920. 9. 28)

   B. 김유신(595 ~ 673)

   C. 왕건(877 ~ 943)

   D. 정약용(1762. 6. 16 ~ 1836. 2. 22)

   E. 허준(1539 ~ 1615)

6 직지심체요절은 고려 승려 경한이 선의 요체를 깨닫는 데 필요한 내용을 뽑아 엮은 책으로 상하 2권으로 되어 있다. 정식 서명은 백운화상초록불조직지심체요절이고, 간략하게 직지심체요절이라고 한다. 내용은 경덕전등록 · 선문염송 등의 사전 관계 문헌을 섭렵하여 역대의 여러 부처를 비롯한 조사와 고승들의 게 · 송 · 찬 · 명 · 서 · 시 · 법어 · 설법 등에서 선의 요체를 깨닫는 데 긴요한 것을 초록하여 편찬한 것이다.

7 A. **고조선** : BC 108년까지 요동과 한반도 서북부 지역에 존재한 한국 최초의 국가

   B. **발해** : 698년에 고구려의 장수였던 대조영이 고구려의 유민과 말갈족을 거느리고 동모산에 도읍하여 세운 나라. 수도는 건국 초기를 제외하고 상경 용천부에 두고 '해동성국'이라 불릴 만큼 국세를 떨쳤으나 926년 요나라에 멸망

   C. **백제** : 서기전 18년에 부여족 계통인 온조집단에 의해 현재의 서울 지역을 중심으로 건국되었다. 4세기 중반에는 북으로 황해도에서부터 경기도 · 충청도 · 전라도 일대를 영역으로 하여 전성기를 누렸다. 그러나 660년에 나당연합군에 의해 멸망

   D. **고려** : 918년에 왕건이 궁예를 내쫓고 개성에 도읍하여 세운 나라. 후삼국을 통일한 왕조로 불교와 유학을 숭상하였고, 문종 때 문물이 가장 발달하였으나 무신의 난 이후 외부의 침입에 시달리다가 1392년에 이성계에 의하여 멸망

   E. **조선** : 이성계가 고려를 멸망시키고 건국한 나라이며 1392년부터 1910년까지 한반도를 통치

8 팔만대장경은 고려 고종 23년(1236)부터 38년(1251)까지 16년에 걸쳐 완성한 대장경으로 부처의 힘으로 외적을 물리치기 위해 만들었으며, 경판의 수가 8만 1,258판에 이르며, 현재 합천 해인사에서 보관하고 있다

9 이순신 장군의 해전 순서

ㄱ **옥포해전**(1592. 5. 7) : 이순신장군이 지휘하는 조선수군이 임진왜란이 일어난 후 거둔 첫 승리, 왜선 42척 격파(옥포, 합포, 적진포)

ㄴ **사천해전**(1592. 5. 29) : 거북선이 처음으로 실전 투입 활약한 해전, 왜선 13척 격파

ㄷ **당포해전**(1592. 6. 2) : 사천해전에 이어 두 번째로 거북선을 앞세운 전투, 왜선 21척 격파

ㄹ **한산대첩**(1592. 7. 8) : 이순신 장군이 출전한 해전 중 가장 유명한 해전으로 학날개전법을 사용해 왜선을 모두 소탕

ㅁ **부산포해전**(1592. 9. 1) : 부산포에서 왜선 430여척과 싸운 해전, 왜선 100여척 격파

ㅂ **명량해전**(1597. 9. 16) : 백의종군에서 풀려나 통제사로 돌아온 이순신장군이 단 13척이 배를 이끌고 왜선 330척과 맞서 싸운 해전, 왜선 133척을 격파

ㅅ **노량해전**(1598. 11. 19) : 조선수군과 일본함대가 벌인 마지막 해전, 전투는 승리하였으나 이순신 장군은 왜군의 총탄에 전사하였으며 "나의 죽음을 알리지 말라"며 아군의 사기를 떨어뜨리지 않음

10 최씨 무신정권의 사병으로 좌별초(左別抄)·우별초(右別抄)·신의군(神義軍)을 말한다. 삼별초는 경찰·전투 등 공적 임무를 수행했으므로 공적인 군대에 준한다.

11 관광 매체는 관광객의 이동 또는 관광 활동을 가능하게 해 주는 일종의 수단이나 장소를 말하는데, 공간적 매체는 물리적 공간을 제공하여 관광자가 직접 체험하거나 이동하는 장소나 수단을 말한다. 선박, 철도, 항공은 공간적 매체에 해당하는 반면에 호텔은 비록 관광객이 체류는 하지만 실제 이동 수단이 아니기 때문에 이는 공간적 매체에 해당하지 않는다.

12 슬로시티 관광의 경우 지속 가능한 도시 개발 및 지역 활성화, 친환경 관광을 목표로 하는 것으로 이는 노인복지 관광과는 직접적인 관련성이 없다.

13 통상적으로 관광은 고용 및 소득 등을 촉진하지만, 이와 동시에 물가의 상승을 초래할 수 있으며, 특정 이익이 대도시에 집중되는 경우에 자본의 유출 현상도 발생하게 된다.

14 ② 자원보전 및 경제 활성화를 동시에 도모하는 전략이다.
①③④ 경제 활성화를 위한 전략이다.

15 역할연기의 경우 실제 고객에 대한 대응 상황을 모의 체험하도록 돕는 데 있다.

16 관광정책은 수요 확대와 함께 환경 및 사회적인 지속가능성을 강조한다. 관광지 과밀화는 관광정책의 목표로는 피해야 하는 부정적 현상에 해당한다.

17 ② pop-up 광고 : 웹사이트 방문 시 자동으로 나타나는 일종의 작은 창 형태의 광고를 말한다.
③ contents 광고 : 광고 자체가 콘텐츠처럼 구성된 것 즉, 브랜디드 콘텐츠(기업이 제작한 콘텐츠 광고)를 말한다.
④ banner 광고 : 웹페이지 상단 또는 측면 등에 배너의 형태로 고정되어 노출되는 광고를 말한다.

18 항공 통과여객은 단순 환승객으로 여행지에서의 체류 없이 통과만 하므로 이는 비관광객으로 분류된다.

19 ① 종합여행사(Full Service Travel Agency)는 여러 가지 여행 서비스를 제공하지만, 반드시 지상수배만을 전문으로 수배하지는 않는다.

② 도매여행사(Wholesaler)는 여행 상품을 대량으로 만들어서 소매업자에게 판매하는 역할을 수행한다.

③ 소매여행사(Retailer)는 일반 소비자에게 직접적으로 여행 상품을 판매하는 곳을 말한다.

20 대용승진은 승진 대상자가 없을 때에 직무를 대신 수행하지만 정식으로 승진하지 않은 상태 즉, 직책과 업무는 수행하되, 공식적인 직급이나 권한이 수반되지 않는 상태를 의미한다.

21 주문 시스템의 정확성, 발주의 편리성 등은 거래 중 요소에 해당하는 내용이다.

22 광고의 메시지 소구방식으로 비교광고, 유머소구, 공포소구 등이 있다. 비교광고는 시장에 새로 진입하는 후발 브랜드나 시장점유율이 낮은 브랜드가 자사 브랜드의 차별성을 부각시켜 소비자의 고려상표군(consideration set)에 들어가는 데 효과적이다. 그러나 시장선도 브랜드나 고관여 제품의 경우에는 비교광고를 하지 않는다.

23 소비자 욕구, 기업의 목표, 소비자와 사회의 장기적 이익(복리) 간에 균형을 맞춘 현명한 마케팅 의사결정을 내려야 한다는 믿음은 사회적 마케팅 개념(societal marketing concept)이다. 판매개념(selling concept)은 충분한 규모의 판매촉진 노력이 이루어지지 않으면 소비자는 충분한 양의 제품을 구매하지 않을 것이라는 사고를 말한다. 이 개념은 비탐색재(unsought goods)를 취급하는 기업들이 수용한다.

24 라인 내 브랜드의 총수와 각 제품들이 제공하는 품목들의 수를 포함하는 것은 제품믹스 길이이다.

25 성장기의 마케팅 전략은 상표를 강화하고 차별화를 통해 시장점유율을 확대하는 것이다. 따라서 제품성능에 관한 구체적 정보를 소비자에게 제공하여 타제품과의 차이점을 알게 하여 일반 소비자의 인지도와 관심을 높이는 광고가 필요하다. 또한 취급점포를 대폭 확대하여 소비자가 쉽게 구매할 수 있도록 하는 집중적 유통(intensive distribution)전략을 사용하게 된다.

26 ② 인바운드 텔레마케팅에 관한 설명이다. 아웃바운드 텔레마케팅은 텔레마케터(telemarketer)가 직접 고객들에게 제품정보를 제공하고 주문을 유도하거나 또는 자동화된 텔레마케팅 시스템을 이용하여 주문을 유도할 수 있다.

27 MOT(Moment of Truth)는 고객과 기업이 접촉하는 '결정적인 순간'을 표현하는 것으로, 기업의 생존이 결정되는 순간이라고 할 수 있다. MOT는 고객 접점 서비스, 결정적 순간 또는 진실의 순간이라고 표현된다. 이는 고객과 서비스요원 사이의 15초 동안의 짧은 순간에서 이루어지는 서비스를 의미하는 것이지, 고객이 매장에 들어서서 구매를 결정하기까지의 시간을 의미하는 것이 아니다.

28 ④ 인터넷 판매는 오프라인 판매에 비해 소량 다빈도 주문 및 판매가 이루어지므로 물류비용은 증가할 수 있다. 그러나 출점 비용이나 고객서비스 비용 등은 감소하고, 카탈로그 인쇄 및 광고 판촉물에 대한 배포 비용은 발생하지 않는다. 인터넷 판매로 감소하는 비용은 주문처리 비용, 재고비용, 출점 비용, 유통센터 운영비용, 고객서비스 비용 등이다. 그리고 카탈로그 인쇄 및 광고 판촉물에 대한 배포 비용은 발생하지 않는다.

29 브랜드 연상(brand association)은 브랜드와 관련하여 기억으로부터 떠오르는 모든 것들을 말한다. 브랜드 연상은 크게 제품속성과 직접 관련된 연상, 제품속성과 관련이 없는 연상, 기업과 관련된 브랜드 연상으로 구분할 수 있다.
　㉠ 브랜드 연상 중 제품속성과 직접 관련된 연상으로는 제품범주에 대한 연상, 제품 속성에 대한 연상, 품질·가격과 관련된 연상 등이 있다.
　㉡ 제품속성과 관련이 없는 연상으로는 브랜드 퍼스낼리티에 대한 연상, 사용자에 대한 연상, 제품 용도에 관련된 연상, 제품 용도에 관련된 연상, 원산지와 관련된 연상 등이 있다.

30 CRM 시스템은 분석 CRM과 운영 CRM, 협업 CRM으로 나누어진다. 이 중 운영(operational) CRM은 분석적 CRM에서 얻은 결과를 이용하여 고객과의 접점에서 영업 및 마케팅 서비스를 수행할 수 있도록 지원하는 프론트 오피스 지향적인 CRM이다.

31 문제에 제시된 그림은 수레바퀴(Wheel)형을 나타낸 것이다. 수레바퀴(Wheel)형은 문제의 성격이 간단하면서도 일상적일 시에만 유효한 반면에 문제가 복잡하면서도 어려운 때에는 그 유효성이 발휘되지 않는다는 단점이 있다.

32 ②번은 커뮤니케이션에 대한 수신자의 장애요인이다. 청취는 송신자가 아닌 수신자의 입장이기 때문이다.

참고 커뮤니케이션에 대한 송신자의 장애요인

ㄱ 커뮤니케이션에 대한 목적의식의 부족 – 송신자가 의사를 전달하려는 명백한 목적이 없을 시에 메시지의 내용이 명확하게 나타나지 않는다.

ㄴ 커뮤니케이션 기술의 부족 – 송신자의 부적절한 단어 선택, 문법상의 문제, 서투른 메시지의 전달, 서투른 문장력이나 또는 언변 등은 수신자가 메시지를 이해하기 어렵게 하다.

ㄷ 대인 감수성의 부족 – 송신자는 수신자에게 동기부여를 제공하지 못하게 되므로 반대로 커뮤니케이션의 역효과를 가져온다. 그 중에서도 특히 관리자들의 경우에는 역지사지의 마음으로 감정이입을 할 필요가 있다.

ㄹ 정보의 여과 – 여과는 정보나 메시지를 수신자에게 긍정적으로 지각할 수 있도록 정보를 조작하는 것을 말하는데, 송신자가 고의로 정보를 호의적 또는 부정적으로 여과해 수신자가 듣기 좋아하는 메시지만 전달하고 듣기 싫어하는 정보는 여과함으로써 커뮤니케이션을 방해하는 요인이다.

ㅁ 준거 틀의 차이 – 송신자는 자기 자신의 과거 경험에 비추어서 자신의 기준에 의해 사물을 인지하며 이해하므로 동일한 상황을 놓고도 저마다 해석을 달리한다.

33 심리학자 리건(Regan, 1971)은 두 사람씩 짝을 지어 다양한 그림을 감상하고 그것을 평가하도록 요청하는 실험을 했는데 이 원리에 따르면, 인간은 다른 사람이 나에게 베푼 호의를 그대로 갚아야 한다고 하였는데, 이것은 상호성의 원리로, 타인의 호의, 선물, 초대 등은 결코 공짜가 아닌 미래에 내 자신이 갚아야 하는 빚이라는 사실을 의미한다.

34 ④ 말의 속도는 신체언어가 아닌 의사언어에 해당한다.

참고 신체언어의 종류

㉠ 눈의 접촉 - 대인관계의 결정적 역할

㉡ 몸의 움직임 - 표현을 나타내는 역할

㉢ 얼굴 표정 - 인상을 결정하는 역할

㉣ 자세 - 상대의 상태를 알 수 있는 수단

㉤ 고개를 끄덕이기 - 상대의 말을 듣고 있음을 알리는 수단

35 초두효과는 서로 상반되는 정보가 시간 간격을 두고 주어지면 정보처리의 과정에서 초기의 정보가 후기의 정보보다 더 중요하게 작용한다는 것을 의미한다. 즉, 상대로부터 처음 입력된 정보가 나중에 습득하는 정보보다도 더 강력한 영향력을 발휘하는 것을 말하는 것이다.

36 역지사지(易地思之)는 타인을 비난하거나 또는 강요하기 전에 자기 자신을 먼저 낮추고 상대의 마음을 헤아리는 모습을 보여주는데, 이렇듯 상대에 대한 따뜻한 배려는 상대방의 마음을 열게 하고 내 편으로 만들 가능성이 높아지는 것을 말한다.

37 업무 중의 대인관계에서 좋은 감성을 형성시키면 업무의 효율이 높아지기 때문에 감성은 동료 및 상사 간의 높은 신뢰를 형성시켜서 조직의 효율성을 극대화한다.

38 ① 교육용은 텍스트를 간결하게 구성하고 그림 또는 도표 등을 활용해 학생들에게 복잡한 내용을 쉽게 설명하기 위한 형태의 프레젠테이션 활용 분야이다.

② 업무 보고용은 프로젝트 결과 보고서, 출장 보고서, 영업 보고서 등에 대한 내용을 프레젠테이션하는 형태의 활용 분야이다.

③ 발표용은 공개된 자리에서 청중들을 대상으로 사용하는 발표 형태로 가장 많이 활용되는 프레젠테이션 형태의 활용 분야이다.

④ 제안서는 감성적인 자료보다는 객관적 자료 및 근거 등을 필요로 하는 프레젠테이션 형태의 활용 분야이다.

39 상품의 구매 정도가 높은 고객의 순위는 "골수단골고객 > 단골고객 (Client) > 고객 (Customer) >손님 (Buyer) > 가망고객 > 잠재고객" 순으로 이루어진다.

40 심포지엄은 포럼과는 유사한 형식을 취하고 있지만 포럼에 비해서는 형식적이다. 더불어서 심포지엄은 포럼에 비해서 청중이 참여할 수 있는 기회가 적다.

41 ① 차별 가격법은 고객들에 따라 서로 다른 요금을 책정하는 방식을 말한다.
② 고정 가격법은 전체 고객에게 동일한 요금을 적용하는 방식을 말한다.
④ 다중 가격법은 서비스 품질 또는 유효성 등에 의해 가격의 수준을 달리하는 것을 말한다.

42 서비스 공장(service factory)은 낮은 고객접촉/고객화와 낮은 노동집약도(즉 높은 자본집약도)를 특징으로 하고 있으며 이에는 항공사, 운송회사, 호텔 등이 포함되며, 이는 마치 공장과 같이 상당히 효율적으로 서비스를 생산한다.

43 개별작업 프로세스(job process)는 다양한 제품을 소량으로 생산하는 경우에 제품마다 각각 다른 공정의 흐름이 요구되는 경우에 활용되는 프로세스로 이 같은 형태의 고객화는 상대적으로 높은 편이며 개별 제품의 산출량은 적은 편이다.

44 사이클 타임(Cycle time)은 연속되는 작업 단위 완료 사이의 평균 시간을 말한다.

45 표준화 서비스 시스템에서 설비배치의 경우 생산자 중심으로 배치된다.

46 문제의 발생 빈도 수가 비교되도록 차례대로 늘어 놓아 개선 가능성이 가장 높은 문제부터 해결하려는 노력에 초점을 맞출 수 있도록 해 주는 것은 파레토 차트(Pareto Chart)이다.

47 내부 실패비용(internal failure cost)은 생산공정 및 제품이 고객에 인도되기 전에 품질수준을 충족시키지 못하여 발생하는 비용이다. 불량분석, 재작업, 폐기, 등급 저하, 기계 유휴 등과 관련되는 자재비, 노무비, 간접비가 포함된다.

48 챔피언(champion)은 식스 시그마 활동을 총괄하는 경영진으로서 식스 시그마 프로젝트와 이를 실무적으로 책임지고 추진할 블랙벨트를 선정하고 식스 시그마 프로젝트가 성공할 수 있도록 후원자 역할을 하는 사람들을 의미한다.

49 품질분임조는 의사결정에 작업자를 참여시킨다는 차원을 넘어 작업자들에게 문제해결 기법을 훈련시키고 능동적으로 자료를 구하게 하여 작업자들이 공동으로 문제를 해결하게 하는데 있다.

50 SERVQUAL 모델에 입각한 품질결정요소는 신뢰성(reliability), 확신성(assurance), 유형성(tangibles), 공감성(empathy), 대응성(responsiveness) 능이다.

01 직업기초능력평가

1	2	3	4	5	6	7	8	9	10
②	④	②	④	④	④	①	③	③	①
11	12	13	14	15	16	17	18	19	20
②	②	④	④	②	③	②	②	④	③
21	22	23	24	25	26	27	28	29	30
④	③	④	③	②	②	④	④	③	②
31	32	33	34	35	36	37	38	39	40
④	①	③	①	①	②	②	④	②	③
41	42	43	44	45	46	47	48	49	50
②	②	②	③	①	④	②	②	④	④

1 ① mtDNA와 같은 하나의 영역만이 연구된 상태에서는 그 결과가 시사적이기는 해도 결정적이지는 않다.

③ 그 수형도는 인류학자들이 상상한 장엄한 떡갈나무가 아니라 윌슨이 분석해 놓은 약 15만 년밖에 안 된 키 작은 나무와 매우 유사하였다.

④ Y염색체가 하나씩 존재하는 특성이 있어 재조합을 일으키지 않고, 그 점은 연구 진행을 수월하게 하기 때문이다.

2 ① 단절 전 형성 방식은 이동단말기와 기존 기지국 간의 통화 채널이 단절되기 전에 새로운 기지국과의 통화 채널을 형성하는 방식이다.

각 기지국이 같은 주파수를 사용하고 있다면, 그런 주파수 조정이 필요 없으며 새로운 통화 채널을 형성하고 나서 기존 통화 채널을 단절할 수 있다.

② 신호의 세기가 특정값 이하로 떨어지게 되면 핸드오버가 명령되어 이동단말기와 새로운 기지국 간의 통화 채널이 형성된다. 형성 전 단절 방식과 단절 전 형성 방식의 차이와는 상관 없다.

③ 핸드오버는 신호 세기가 특정값 이하로 떨어질 때 발생하는 것이지 이동단말기와 기지국 간 상대적 신호 세기와는 관계가 없다.

	회독 오답수		
	1회독	2회독	3회독
	개	개	개

3 형상 · 구조 · <u>제질</u> 및 성능 → 형상 · 구조 · <u>재질</u> 및 성능
검사기관의 <u>건정</u>을 받은 → 검사기관의 <u>검정</u>을 받은

4 한국의 관광 관련 고용자 수는 50만 명으로 전체 2% 수준이다. 이를 세계 평균 수준인 8% 이상으로 끌어 올리려면 150만 여명 이상을 추가로 고용해야 한다. 백만 달러당 50명의 일자리가 추가로 창출되므로 150만 명 이상을 추가로 고용하려면 대략 300억 달러 이상이 필요하다.

① 약 1조 8,830억 달러 정도이다.

② 2017년 기준으로 지난해인 2016년도의 내용이므로 2015년의 종사자 규모는 알 수 없다. 2016년 기준으로는 전 세계 통신 산업의 종사자는 자동차 산업의 종사자의 약 3배 정도이다.

③ 간접 고용까지 따지면 2억 5,500만 명이 관광과 관련된 일을 하고 있어, 전 세계적으로 근로자 12명 가운데 1명이 관광과 연계된 직업을 갖고 있는 셈이다. 추측해보면 2017년 전 세계 근로자 수는 20억 명을 넘는다.

5 '즉'은 옳게 쓰여진 것으로 고쳐 쓰면 안 된다.

6 나제시된 작업명세서를 보면 컴퓨터 파손에 대한 책임이나 한계에 대한 내용은 어디에도 없다.
편집디자이너가 컴퓨터 파손에 대한 책임을 갖는 것은 아니다.

7 ㈐ 무한한 지식의 종류와 양 → ㈎ 인간이 얻을 수 있는 지식의 한계 → ㈑ 체험으로써 배우기 어려운 지식 → ㈏ 체험으로 배우기 위험한 지식의 예 → ㈒ 체험으로써 모든 지식을 얻기란 불가능함

8 위 글에서 보면 성인 흡연자의 대부분이 흡연을 시작한 시기가 청소년기라고 했으며, 흡연행동과 그에 따른 니코틴 중독을 고려하면, 청소년 흡연율과 성인 흡연율 간의 강한 양의 상관관계가 있다고 추론이 가능하므로 청소년의 흡연율을 낮추면 성인 흡연율도 장기적으로 낮아질 가능성이 있다.

9 ㉠은 적응의 과정을 ㉡은 이질성의 극복 방안, ㉢은 동질성 회복이 쉽다는 이야기로 ㉣은 이질화의 극복에 대한 문제 제기를 하고 있다. 그러므로 ㉢ → ㉣ → ㉡ → ㉠이 가장 자연스럽다.

10 이 글에서 말하고 있는 '이것'은 자기 자신의 관심에 따라 세상을 규정하는 사고방식에 따라 세상을 보고 결정을 한다는 것을 의미한다. 다이어트를 하고 있는 여대생은 그렇지 않은 여대생에 비해 식품광고가 늘었다고 생각하고, 5년 사이에 아이를 낳은 사람은 5년 전에 비하여 아동들이 직면하고 있는 위험요소가 증가했다고 생각하는 것을 보면 알 수 있다.

11　• 착한 사람들 중에서 똑똑한 여자는 모두 인기가 많다. → 착함, 똑똑, 여자 → 인기 多
　• 똑똑한 사람들 중에서 착한 남자는 모두 인기가 많다. → 똑똑, 착함, 남자 → 인기 多
　• "인기가 많지 않지만 멋진 남자가 있다"라는 말은 거짓이다. → 멋진 남자 → 인기 多
　• 영희는 멋지지 않지만 똑똑한 여자이다. → 멋지지 않음, 똑똑, 여자 → 영희
　• 철수는 인기는 많지 않지만 착한 남자이다. → 인기 없음, 착함, 남자 → 철수 → 똑똑 못함
　① 참　② 거짓　③ 참　④ 참

12 제시된 내용은 하드 어프로치에 대한 설명이다.
　① **소프트 어프로치** : 문제해결을 위해서 직접적인 표현보다는 무언가를 시사하거나 암시를 통하여 의사를 전달하여 문제해결을 도모하고자 한다.
　③ **퍼실리테이션(facilitation)** : 촉진을 의미하며 어떤 그룹이나 집단이 의사결정을 잘 하도록 도와주는 일을 의미한다.
　④ **3C 분석** : 환경 분석 방법의 하나로 사업 환경을 구성하고 있는 요소인 자사(Company), 경쟁사(Competitor), 고객(Customer)을 분석하는 것이다.

13 주어진 조건을 보면 관리과와 재무과에는 반드시 각각 5급이 1명씩 배정되고, 총무과에는 6급 2명이 배정된다. 인원수를 따져보면 홍보과에는 5급을 배정할 수 없기 때문에 6급이 2명 배정된다. 6급 4명 중에 C와 D는 총무과에 배정되므로 홍보과에 배정되는 사람은 E와 F이다. 각 과별로 배정되는 사람을 정리하면 다음과 같다.

관리과	A
홍보과	E, F
재무과	B
총무과	C, D

14 현수막을 제작하기 위해서는 라, 다, 마가 선행되어야 한다. 따라서 세미나 기본계획 수립(2일) + 세미나 발표자 선정(1일) + 세미나 장소 선정(3일) = 최소한 6일이 소요된다.

15 각 작업에 걸리는 시간을 모두 더하면 총 11일이다.

16 문제 지문과 조건으로 보아 가, 다의 자리는 정해져 있다.

가	다			

나는 라와 마 사이에 있으므로 다음과 같이 두 가지 경우가 있을 수 있다.

라	나	마

마	나	라

따라서 가가 맨 왼쪽에 서 있을 때, 나는 네 번째에 서 있게 된다.

17 ㉠ $a = b = c = d = 25$라면, 1시간당 수송해야 하는 관객의 수는 $40,000 \times 0.25 = 10,000$명이다. 버스는 한 번에 대당 최대 40명의 관객을 수송하고 1시간에 10번 수송 가능하므로, 1시간 동안 1대의 버스가 수송할 수 있는 관객의 수는 400명이다. 따라서 10,000명의 관객을 수송하기 위해서는 최소 25대의 버스가 필요하다.

㉡ $d = 40$이라면, 공연 시작 1시간 전에 기차역에 도착하는 관객의 수는 16,000명이다. 16,000명을 1시간 동안 모두 수송하기 위해서는 최소 40대의 버스가 필요하다.

㉢ 공연이 끝난 후 2시간 이내에 전체 관객을 공연장에서 기차역까지 수송하려면 시간당 20,000명의 관객을 수송해야 한다. 따라서 회사에게 필요한 버스는 최소 50대이다.

18 ① 재원의 확보계획은 기본계획에 포함되어야 한다.

③ 환경부장관은 국가 폐기물을 적정하게 관리하기 위하여 10년마다 종합계획을 수립하여야 한다.

④ 시장·군수·구청장은 10년마다 관할 구역의 기본계획을 세워 도지사에게 제출하여야 한다.

19 3개 회사는 각 종목 당 다른 회사와 5번씩 경기를 가졌으며 이에 따른 승수와 패수의 합은 항상 10이 된다. 갑사가 C 종목에서 거둔 5승과 5패는 어느 팀으로부터 거둔 것인지 알 수 있는 근거가 없어 을사, 병사와 상대 전적이 동일하다고 말할 수 없다. 또한, 특정 팀과 5회 경기를 하여 무승부인 결과는 없는 것이므로 상대 전적이 동일한 두 팀이 생길 수는 없다.

① 병사의 6패 중 나머지 5패를 을사로부터 당한 것이 된다. 따라서 을사와의 전적은 0승 5패의 압도적인 결과가 된다.

② 갑사와 병사의 승수 중 각각 4승씩을 제외한 나머지 승수가 상대방으로부터 거둔 승수가 된다. 따라서 갑사는 병사로부터 3승을, 병사는 갑사로부터 2승을 거둔 것이 되어 갑사의 상대 전적이 병사보다 더 우세하게 된다.

③ 을사의 A 종목 3패 중 적어도 2패 이상이 갑사에게 당한 것이 되고 나머지 패수가 병사에게 당한 것이 되므로 을사는 병사보다 A 종목의 상대 전적이 더 우세하다. 이와 같은 논리로 살펴보면 병사의 C 종목 3패 중 1패 또는 0패가 을사와의 경기 결과가 되어 병사는 을사보다 C 종목 상대 전적이 더 우세하게 된다.

20 ① 19일 수요일 오후 1시 울릉도 도착, 20일 목요일 독도 방문, 22일 토요일은 복귀하는 날인데 甲은 매주 금요일에 술을 마시므로 멀미로 인해 선박을 이용하지 못한다. 또한 금요일 오후 6시 호박엿 만들기 체험도 해야 한다.

② 20일 목요일 오후 1시 울릉도 도착, 독도는 화요일과 목요일만 출발하므로 불가능

③ 23일 일요일 오후 1시 울릉도 도착, 24일 월요일 호박엿 만들기 체험, 25일 화요일 독도 방문, 26일 수요일 포항 도착

④ 25일 화요일 오후 1시 울릉도 도착, 27일 목요일 독도 방문, 28일 금요일 호박엿 만들기 체험은 오후 6시인데, 복귀하는 선박은 오후 3시 출발이라 불가능

21 청렴은 성품과 행실이 고결하고 탐욕이 없다는 뜻으로 국민의 봉사자인 공직자가 지녀야 할 중요한 덕목이다. 공직자는 어떠한 상황에서도 사익을 배제하고 공명정대하게 행동해야 한다.

22 ㉣ 주어진 내용은 직업윤리의 일반성과는 거리가 멀다. 사회구조의 변화와 정보 사회로의 진전에 따른 전문 직종의 증가와 분화로 해당 직업의 특성에 알맞은 윤리가 요구되고 있는데, 이를 직업윤리의 특수성이라 한다. 특수한 윤리가 필요한 직업은 점점 늘어나고 있는 추세이나 이런 특수성은 보편적인 윤리의 토대 위에 정립되어야 한다.

23 ㈎는 공직자들이 갖추어야 할 덕목의 하나로 청렴을 강조한 내용이다. 공직자는 국민보다 우월한 지위를 가지므로, 그런 권위와 권한을 이용하여 사익을 추구하려는 유혹에 빠질 수 있기 때문이다. 따라서 ㈏의 공무원 A에게는 업무 수행에서 얻은 정보는 공동선을 위해 사용해야 한다는 충고가 알맞다.

24 직업윤리에 어긋나지 않는 선에서 동료에게 먼저 양해를 구하고, 회사의 합법적인 절차에 따라 자신이 추천받을 수 있는 방법을 모색하는 것이 가장 적절하다.

25 자신이 처한 상황에 대한 판단이 우선시 되어야 하며, 혼자서 해결하기 어려운 업무에 대해서는 상사에게 문의하여 조언을 얻거나 도움을 받을 수 있는 방법을 찾는 것이 적절하다.

26 엘리베이터에서는 버튼 대각선 방향의 뒤 쪽이 상석이 된다.

27 기업은 환경 경영, 윤리 경영과 노동자를 비롯한 사회 전체의 이익을 동시에 추구하며 그에 따라 의사 결정 및 활동을 하는 사회적 책임을 가져야 한다.
　㉠ 기업은 이윤 추구를 주된 목적으로 하는 사적 집단이다.

28 기업윤리는 기업을 올바르게 운영하는 기준 및 기업의 도덕적 책임도 포함되는 것으로 기업의 경영 방식 및 경영 정책에 영향을 준다.

29 ③ 개인적인 불만이 있더라도 감정적인 부분은 되도록 배제하고 업무적인 부분에 대해 사과하는 것이 현명한 방법이다. 또한 자신이 느낀 인격적인 모독감에 대해서는 상사에게 사과를 요구하는 것이 합당하다.

30 기업의 사회적 책임이 조직차원에서 법률적, 제도적 측면을 강조한 것이라면 기업윤리는 개인차원에서 도덕적, 규범적 측면에 초점을 둔다.
　※ 기업윤리
　　㉠ 정의 : 사회생활을 하는 인간이 근본적으로 부딪힐 수밖에 없는 선과 악, 도덕적 책임과 의무에 관한 규율인 윤리에 관한 문제를 기업의 상황에 대입한 것이다. 따라서 기업윤리는 경영자의 행동이나 결정의 판단기준이 된다.
　　㉡ 구분
　　　• 기업가 윤리 : 고객과의 신뢰, 경영의 투명성, 공정한 경쟁, 종업원에 대한 대우 등
　　　• 사원 윤리 : 업무에 충실, 고객에 대한 친절 등
　　　• 소비자 윤리 : 사원 존중, 회사에 대한 합당한 요구 등

31 홀수항과 짝수항을 따로 분리해서 생각하도록 한다.

홀수항은 분모 2의 분수형태로 변형시켜 보면 분자에서 -3씩 더해가고 있다.

$$10 = \frac{20}{2} \rightarrow \frac{17}{2} \rightarrow 7 = \frac{14}{2} \rightarrow \frac{11}{2}$$

짝수항 또한 분모 2의 분수형태로 변형시켜 보면 분자에서 $+5$씩 더해가고 있음을 알 수 있다.

$$2 = \frac{4}{2} \rightarrow \frac{9}{2} \rightarrow 7 = \frac{14}{2} \rightarrow \frac{19}{2}$$

32 직사각형의 넓이는 $1 \times 2 = 2$이다. 정사각형은 네 변의 길이가 모두 동일하므로 한 변의 길이를 x라고 할 때, $x^2 = 2$이므로 $x = \sqrt{2}$이다.

33 처음 소금의 양을 x라 하면

$$농도 = \frac{소금의\ 양}{소금물의\ 양} \times 100 이므로$$

소금물 300g에서 물 110g을 증발시킨 후 소금 10g을 더 넣은 농도=처음 농도의 2배

$$\frac{x+10}{300-110+10} \times 100 = 2 \times \frac{x}{300} \times 100$$

$$x = 30$$

처음 소금의 양이 30g이므로 처음 소금물의 농도는 $\frac{30}{300} \times 100 = 10\%$

34 걷는 속도를 분당 x라 하면

$$30 \times 0.5 + 20 \times x = 19$$
$$\therefore\ x = 0.2km$$

35 남자의 평균 점수를 x라 하면,

$$\frac{75x + 25 \times 76}{100} = 73$$

$\therefore\ x = 72$점

36 작년 연봉을 x라 할 때,

$1.2x + 500 = 1.6x$

$x = 1,250$, 올해 연봉은 $1,250 \times 1.2 = 1,500$(만 원)

37 2인 공동소유 주택은 $(1,571-1,434) \div 1,434 \times 100 = 9.6\%$, 3인 공동소유 주택은 $(109-99) \div 99 \times 100 = 10.1\%$의 증가율을 보이고 있으므로, 3인 공동소유 주택의 증가율이 더 높음을 알 수 있다.

① 2016년에는 $12,923 \div 14,521 \times 100 = 89\%$이며, 2017년에는 $13,217 \div 14,964 \times 100 = 88.3\%$로 2017년에 더 감소하였다.

③ $924 \div 971 \times 100 = 95.2\%\ \rightarrow\ 1,004 \div 1,052 \times 100 = 95.4\%$로 증가하였다.

④ $(8,697-8,426) \div 8,426 \times 100 = 3.2\%$로 3%를 넘고 있다.

38 ㉠ 오류를 바로 잡으면,

- '나'의 면적은 '다'와 동일하다.

∴ '나'의 면적＝101(천 m^2)

- '라'의 면적은 실제보다 '나'의 면적의 2배 값이 더해졌다.

∴ '라'의 면적＝385－2×101＝183(천 m^2)

- '바'의 면적은 '가', '나', '다'의 면적 합보다 22(천 m^2)이 크다.

∴ '바'의 면적＝166＋101＋101＋22＝390(천 m^2)

㉡ 따라서 7개 건축물 면적의 평균은 $\dfrac{166+101+101+183+195+390+158}{7} ≒ 184.9$(천 m^2)

※ 수정된 자료

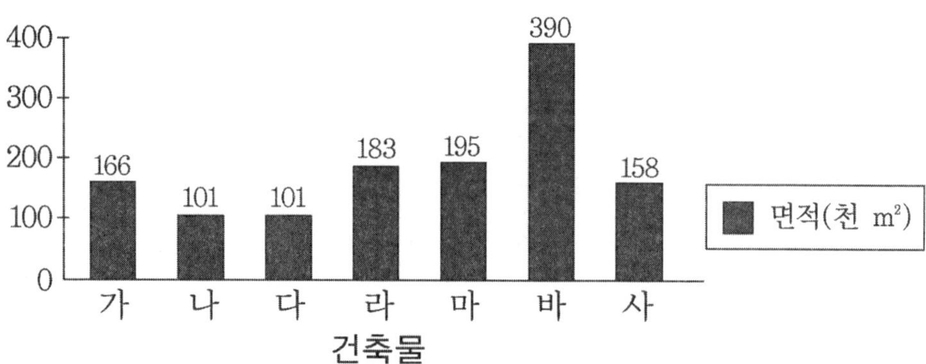

39

Ⓐ		$90 \times 200 = 18,000$
Ⓑ		$70 \times 250 = 17,500$
Ⓒ		$60 \times 350 = 21,000$
Ⓓ		$50 \times 400 = 20,000$

40 두 상품을 따로 경매한다면 A는 戊에게 50,000원에, B는 己에게 70,000원에 낙찰되므로 얻는 수입은 120,000원이다.

① 두 상품을 묶어서 경매한다면 최고가 입찰자는 己이다. 己가 낙찰 받는 금액은 110,000원으로 5% 할인을 해주어도 그 금액이 100,000원이 넘는다. 입찰자는 낙찰가의 총액이 100,000원을 초과할 경우 구매를 포기한다는 조건에 의해 己는 구매를 포기하게 되므로 낙찰자는 丙이 된다.

② 지헌이가 얻을 수 있는 예상 수입은 두 상품을 따로 경매할 경우 120,000원, 두 상품을 묶어서 경매할 경우 95,000원으로 동일하지 않다.

④ 입찰자는 낙찰가의 총액이 100,000원을 초과할 경우 구매를 포기한다.

41 현재 동신과 명섭의 팀에게 가장 필요한 능력은 팀워크능력이다.

42 남성과 여성이 함께 에스컬레이터나 계단을 이용하여 위로 올라갈 때는 남성이 앞에 서고 여성이 뒤에 서도록 한다.

43 위의 사례에서 불만고객에 대한 대처가 늦어지고 그로 인해 항의가 잇따르고 있는 이유는 사소한 일조차 상부에 보고해 그 지시를 기다렸다가 해결하는 업무체계에 있다. 따라서 오부장은 어느 정도의 권한과 책임을 매장 직원들에게 위임하여 그들이 현장에서 바로 문제를 해결할 수 있도록 도와주어야 한다.

44 리츠칼튼 호텔은 고객이 무언가를 물어보기 전에 고객이 원하는 것에 먼저 다가가는 것을 서비스 정신으로 삼고 있다. 기존 고객의 네이터베이스를 공유하여 고객이 원하는 시비스를 미리 제공할 수 있는 것이다.

45 위의 상황은 엄팀장이 팀원인 문식이에게 코칭을 하고 있는 상황이다. 따라서 코칭을 할 때 주의해야 할 점으로 옳지 않은 것을 고르면 된다.

① 지나치게 많은 정보와 지시로 직원들을 압도해서는 안 된다.

※ **코칭을 할 때 주의해야 할 점**

ㄱ 시간을 명확히 알린다.

ㄴ 목표를 확실히 밝힌다.

ㄷ 핵심적인 질문으로 효과를 높인다.

ㄹ 적극적으로 경청한다.

ㅁ 반응을 이해하고 인정한다.

ㅂ 직원 스스로 해결책을 찾도록 유도한다.

ㅅ 코칭과정을 반복한다.

ㅇ 인정할 만한 일은 확실히 인정한다.

ㅈ 결과에 대한 후속 작업에 집중한다.

46 구성원으로 하여금 집단에 머물도록 만들고, 그 집단에 계속 남아 있기를 원하게 만드는 힘은 응집력이다.

47 ② 셀프 리더십 : 자율적 리더십 또는 자기 리더십이라고도 하며 타인이 리더가 아니라 자기 자신 스스로가 자신의 리더가 되어 스스로 통제하고 행동하는 리더십을 말한다.

① 변혁적 리더십 : 부하들에게 스스로 일할 수 있도록 창의력을 길러주고 권한 위임을 부여함으로써 스스로 열심히 일할 수 있도록 이끌어 주는 리더십을 말한다.

③ 카리스마 리더십 : 리더가 강력한 카리스마를 바탕으로 부하들에게 비전 및 목표를 제시하고 이끌어 가는 리더십을 말한다.

④ 서번트 리더십 : 부하에게 목표를 공유하고 부하들의 성장을 도모하면서 리너와 부하간의 신뢰를 형성시켜 궁극적으로 조직성과를 달성하게 하는 리더십을 말한다.

48 팀워크는 팀이 협동하여 행하는 동작이나 또는 그들 상호 간의 연대를 일컫는다. 따라서 아무리 개인적으로 능력이 뛰어나다 하여도 혼자서 일을 처리하는 사람은 팀워크가 좋은 사람이라고 볼 수 없다. 따라서 정답은 ②번이다.

49 ①-ㄷ, ②-ㄱ, ③-ㄴ

50 ④ 상식에서 벗어난 아이디어에 대해서 비판을 하지 말아야 한다.

회독 오답수		
1회독	2회독	3회독
개	개	개

02 직무수행능력평가

1	2	3	4	5	6	7	8	9	10
①	③	①	③	④	④	②	③	③	①
11	12	13	14	15	16	17	18	19	20
①	②	②	③	①	②	④	③	④	④
21	22	23	24	25	26	27	28	29	30
④	①	④	③	②	④	④	②	③	③
31	32	33	34	35	36	37	38	39	40
①	②	④	③	④	④	②	④	④	②
41	42	43	44	45	46	47	48	49	50
④	①	②	④	④	①	①	④	①	④

1 동학은 1860년 최제우가 창시한 민족 종교로 기일원론과 후천개벽 사상, 인내천 사상을 특징으로 한다. 2대 교주인 최시형이 교단과 교리를 체계화하였다. 1894년 농민전쟁에 큰 영향을 끼쳤으며, 1905년 천도교로 개칭하였다.

2 고조선은 우리나라 최초의 국가. 기원전 2333년 무렵에 단군왕검이 세운 나라로, 중국의 요동과 한반도 서북부 지역에 자리 잡았으며, 위만이 집권한 이후 강력한 국가로 성장하였으나 기원전 108년에 중국 한나라에 의해 멸망하였다.

3 골품제는 출신성분에 따라 골(骨)과 품(品)으로 등급을 나누는 신라의 신분제도로, 개인의 혈통의 높고 낮음에 따라 정치적인 출세는 물론, 혼인, 가옥의 규모, 의복의 빛깔, 우마차의 장식에 이르기까지 사회생활 전반에 걸쳐 여러 가지 특권과 제약이 가해졌다. 세습적인 성격이나 제도 자체의 엄격성으로 보아, 흔히 인도의 카스트제도와 비교되고 있다.

4   제너럴 셔먼호 사건(1866) – 병인양요(1866) – 오페르트 남연군 묘 도굴 미수 사건(1868) – 신미양요(1871) – 척화비 건립

5   D. 4 · 19 혁명(1960)은 3 · 15 부정선거를 원인으로 이승만 독재 정치 타도를 위해 일어난 민주혁명이다.
    C. 유신헌법 공포(1972)는 박정희 정부 때 대통령에게 초법적 권한을 부여한 권위주의적 체제이다.
    A. 5 · 18 민주화 운동(1980)은 10 · 26 사태 이후 등장한 신군부에 저항한 운동이다.
    B. 6월 민주 항쟁(1987)은 전두환 정권 때 대통령 직선제 개헌을 요구하며 일어난 민주화 운동이다.

6   태조 이성계는 국호를 조선으로 짓고, 수도를 한양으로 옮겼으며, 정도전의 도움으로 조선의 기틀을 마련하였으며 과거제를 강화하고 중앙집권적 국가를 만들었다. 하지만 세자 책봉 과정에서 실수를 저질러 이방원의 난이 일어나는 계기를 만들었다.

7   아관파천은 을미사변 이후 고종과 왕세자가 1896년부터 1년간 러시아 공사관에서 거처한 사건으로 친러파 정부가 구성되었다. 이로 인해 러시아는 압록강과 울릉도의 삼림채벌권 및 여러 경제적 이권을 요구하였고 다른 서구 열강들도 최혜국 조항을 들어 이권을 요구하였다. 이후 고종은 러시아의 영향에서 벗어날 것을 요구하는 내외의 주장에 따라 환궁하고 광무개혁을 추진하였다.

8   세도정치는 조선 후기 국왕이 총애하는 신하나 외척이 실권을 장악하고 행한 변태적 정치형태로, 원래 세도란 세상을 다스리는 커다란 도라는 뜻으로, 세도정치는 국왕이 인격과 학식 · 덕망이 높은 사람에게 높은 관직을 주어 우대함으로써 세상을 올바르게 다스리고 인심을 바로잡기 위해 행하는 정치를 뜻하는 말이었다. 그러나 일반적으로 세도정치란 정조 이후 신하들이 정권을 장악해 권세를 부리며 멋대로 행한 정치를 뜻한다.

9   백제는 기원전 18년 고구려에서 내려온 유이민들이 한강 근처의 위례성에 자리 잡고 세운 나라로, 마한의 한 나라인 '백제국'으로부터 시작하였다.

10 박제가는 18세기 후기의 대표적인 조선 실학자로, 북학의를 저술하여 청나라 문물의 적극적 수용을 주장하였다. 또한 절약보다 소비를 권장하여 생산의 자극을 유도하였으며 수레와 선박의 이용, 상공업의 발달을 주장하였다.

11 Alternative Tourism(대안관광)은 대량관광(Mass Tourism)의 부작용을 감소시키고, 지역사회·환경·문화 등에 보다 지속 가능하며 책임감 있는 방식으로 접근하는 관광 형태를 말한다. ①의 High Impact Tourism(하이 임펙트 투어리즘)의 경우 부정적인 영향을 많이 끼치는 대량관광을 말하며, 환경 파괴, 지역문화 훼손, 과잉관광(overtourism) 등과 관련성이 깊다.

12 원스톱 예약 결제 시스템은 여행자가 여행 정보 검색 → 예약 → 결제까지 한 번에 처리할 수 있도록 도와주는 통합 서비스를 말한다. 즉 비대면, 디지털 방식을 기반으로 하며, 전자결제·카드·간편결제 등이 주를 이루고 있다. 하지만 현금결제의 경우 대면적인 직접거래를 필요로 하는 방식이기 때문에 이는 연관성이 멀다.

13 안전지향형(Psychocentrics)의 성격을 가진 관광객의 특징은 다음과 같다.
㉠ 패키지여행 선호
㉡ 언어 및 문화 장벽 등이 낮은 곳 선호
㉢ 낯선 문화 또는 환경의 회피
㉣ 잘 알려진 관광지 선호
㉤ 대규모 현대식 숙소 이용

14 영국의 토마스 쿡(Thomas Cook)은 현대 여행산업의 선구자로 평가되는 인물로 최초의 단체여행을 1841년에 조직했는데, 이는 철도를 활용한 기획된 단체여행의 시초로서, 이후에 대중관광(Mass Tourism)의 기반이 되었다.

15 사회적 수용력은 지역사회와 관광객 간의 관계를 의미한다.

16 문화적 관광자원으로는 고고학적 유적, 사적, 유·무형문화재, 기념물, 민속자료, 박물관, 미술관, 기타 문화시설 등이 있으며, ② 동굴은 자연적 관광자원에 해당한다.

17 관광자원의 평가 기준으로는 주로 경관성, 역사성, 접근성, 교육성 등을 기반으로 하고 있다.

18 호텔 관리 측면에서 보면 통상적으로 임금관리의 중요성은 주로 조직 경영과 관련된 요소로 나타난다. ③의 경우에는 호텔 관리 측면에서 임금관리가 아닌 종업원 개인의 관점에서 본 임금관리이다.

19 일반여행업의 주요 업무로는 상품기획 업무, 예약 수배 업무, 항공 예약 업무 등이 있다. ④번의 경우 법적으로 여행업의 기본 업무에는 명시되어 있지 않거나 제한적으로 허용되며, 특히 출입국 관련 수속(비자 대행, 입국 신고 등)은 외교 관련 규정에 따라 제한을 받을 수 있으므로, 이는 일반여행업의 주요 업무에 해당한다고 할 수 없다.

20 무장애 관광(Barrier-Free Tourism 또는 Universal Tourism)은 통상적으로 장애인, 고령자, 임산부 등 취약계층을 포함한 모두가 불편 없이 이용할 수 있도록 관광 환경을 조성하는 것을 말한다. 개념에 비추어 보아 ④ 취약계층(장애인, 고령자, 임산부 등)의 요구를 반영한 관광 정보의 안내 무장애 관광의 개념에 가장 부합한다.

21 제품믹스, 일명 제품 구색(product assortment)은 기업이 팔기 위해 시장에 제공하는 모든 제품들과 아이템들의 집합이다. 기업이 다양한 제품 구색을 제공하는 이유는 상이한 소비자들의 요구사항들을 충족시키기 위한 것이다. 즉 소비자들은 다양한 품질과 다양한 가격대의 상품을 소비하려는 성향이 있기 때문이다.

22 상표 전환(brand switching)은 판매촉진이 없었더라면 다른 상표를 구매하였을 소비자가 판매촉진이 실행 중인 상표를 구매하게 되는 현상을 말한다. 상표 전환은 상표들 간 비대칭적으로 발생한다. 즉 프리미엄 브랜드가 판매촉진을 하여 중저가 브랜드의 매출을 잠식하는 것이 중저가 브랜드가 프리미엄 브랜드의 매출을 판매촉진으로 잠식하는 것보다 훨씬 크다. ① 특정 상표에 대한 고객 충성도가 증가하면 상표 전환은 발생하지 않는다.

23 제품의 품질, 특성, 스타일 등의 수정을 통해 신규고객을 유인하거나 기존 고객의 사용빈도를 높이는 것은 성숙기의 전략이다.

24 ③ 전문품(speciality goods)은 독특한 특징이나 브랜드 정체성이 있는 제품과 서비스이다. 소비자의 강한 브랜드 선호도와 충성도를 지니고 있고, 특별한 구매 노력을 기울인다. 브랜드 대안 간 비교가 이루어지지 않으며 가격 민감도가 낮다.

25 기본가격에 추가적으로 사용 수수료를 더하여 가격을 결정하는 것을 이분 가격제(two-part pricing) 또는 이부 가격제라고 한다. 이는 주로 서비스 기업들에서 사용되고 있다. 예를 들어 놀이공원의 경우 입장료를 내고도 놀이 기구들을 이용할 때마다 추가적인 사용료를 내는 것은 이분가격의 예라고 할 수 있다.

26 ④ 소비재의 수요자는 소비자이므로 가격변동에 민감하게 작용하기 때문에 수요탄력성이 탄력적이다. 그러나 산업재의 수요자는 생산자이므로 가격변동에 덜 민감하게 작용하여 수요탄력성은 소비재에 비해 비탄력적이다.

27 세분시장의 측정가능성, 접근가능성, 규모성(실체성), 외부적 이질성, 신뢰성 등이 시장세분화의 조건이다. 여기서 측정가능성은 세분시장의 특성, 구매력, 크기 등을 측정할 수 있어야 한다는 것이다.

28 대량 마케팅(mass marketing)은 단일제품을 전체시장을 대상으로 대량생산판매하는 마케팅 유형을 말한다. 고객의 욕구 중에서 이질성보다 동질성에 초점을 두고 최소의 비용과 가격으로 최대의 잠재시장을 창출하고자 하는 마케팅이다. 표준화에 의한 원가 절감이나 규모의 경제(economies to scale) 이익을 얻을 수 있다.

29 ① 광고의 유연성은 낮다.
　② 홍보는 통제력이 낮다.
　④ 구전은 신뢰성이 낮다.

30 ③ 여러 시즌에 걸쳐 특정 스타일의 판매가 이루어지는 것은 지속성 상품이다.

31 사회적 증거 효과는 모방 심리 및 안전 요구 심리 등에 기반하는 것으로 사람들은 다수의 편에 서야 심리적인 안정감을 느낀다는 것을 의미하는데, 특히, 어떻게 해야 할지, 또는 어떤 물건을 사야 할지에 대한 확실한 아이디어가 없는 사람일수록 타인이 하는 대로 따라 하려는 경향이 강하다.

32 ② I-message(나 전달법)가 아닌 You-message(너 전달법)에 대한 설명이다.

33 이미지 메이킹은 언어적 및 비언어적인 커뮤니케이션의 수단이면서 동시에 적극적인 의사소통 행위이다.

34 프레젠테이션을 구성하는 요소에는 청중(People), 목적(Purpose), 장소(Place)가 있으며 이를 3P라고도 한다.

35 실제적으로 협상을 함에 있어서 도움이 될 수 있는 객관화된 자료를 문서 또는 AV 기기 등으로 적절하게 활용하면 상대로부터 신뢰 및 믿음을 얻을 수 있다.

36 ④ 인용 : 타인의 말 또는 글 등을 빌려 쓰는 것으로써 주로 권위 있는 사람의 말을 가져와서 신뢰감을 높이는 방법을 말한다.
① 비유 : 어려운 내용을 쉽게, 직관적으로 이해하도록 돕는 표현을 말한다.
② 구현 : 물리적 형태의 사용을 위한 유지 보수 및 지원하는 과정을 의미한다.
③ 반론 : 주장이나 논평 따위에 대하여 반박하는 것을 말한다.

37 컨벤션은 회의 분야에서 가장 일반적으로 쓰이는 용어로 정보전달을 주목적으로 하는 정기집회에 많이 사용된다. 전시회를 수반하는 경우가 많으며 총회, 휴회 기간 중에 개최되는 각종 소규모 회의, 위원회 회의 등을 포괄적으로 의미하는 용어로 활용된다. 그러므로 컨벤션 시장은 개인보다는 주로 그룹이 참여하는 것이 대부분이다.

38 소음(잡음)은 의도된 메시지를 왜곡시키는 요인을 말한다. 잡음은 전달과 수신 사이에 발생하여 의사소통의 정확도를 감소시킨다. 여기에는 언어가 갖는 어의 상의 문제, 메시지의 의도적 왜곡 등이 있다. 전달자의 부정확한 사상 인식, 부적절한 코드화, 수신자의 부정확하거나 왜곡된 해석 등의 잡음은 어디에서나 발생해서 의사소통을 왜곡시킬 수 있다.

39 수평적 커뮤니케이션은 정보수집 및 문제해결 등이 상대적으로 느리다. 더불어서 중간에 위치한 구성원을 제외하고는 주변에 위치한 구성원들의 만족감이 비교적 낮다는 평가를 받고 있는 유형이다.

40 호손 효과(Hawthorne Effect)는 근로자의 행동을 관찰함으로써 그들의 행동이 변하며 따라서 일시적으로 효율이 변화하는 현상을 말한다. 호손효과는 미국 전기 공장 호손공장에서 '조명의 밝기와 생산성의 관계'를 연구하던 중에 발견하게 된 원리인데, 이러한 실험이 진행되는 도중에 일시적으로 작업효율이 변했는데, 이는 근로자들이 자신들의 행동이 관찰되고 있다는 것을 인식하고 있는데서 비롯된 것이었다. 다시 말해, 회사직원들의 생산성은 외부적인 환경변화(근무시간, 임금, 휴식시간, 조직 등)에 의해서 좌우되는 것이 아닌 자신들이 주목받고 주위에서 관심이 있다는 사실을 자각할 시에 커다란 수행 향상을 가져온다라는 것이다. 심리적 요인이 외부환경요인들보다 작업성과에 있어 더 큰 영향을 미친다는 현상을 호손효과라고 하는 것이다.

41 로버스트 설계(robust design)란 제품이나 공정을 처음부터 환경변화에 의해 영향을 덜 받도록 설계하는 것을 말한다.

42 무게 중심법(center of gravity method)은 여러 목적지를 대상으로 하는 어떤 시설을 추가할 때 수송 거리를 최소화하거나 수송비용을 최소화하는 위치를 결정하는 방법 즉, 운송비용을 최소화하는 물류센터의 위치를 결정하는 방법을 말한다.

43 자재명세서(BOM : bill of materials)는 최종제품의 제조에 소요되는 모든 부품, 상위품목-부품관계, 그리고 엔지니어링과 프로세스 설계에 근거한 부품사용량을 기록한 섯으로 이는 세층적으로 구싱 항목들이 나열되고 완성品의 조립을 위해 필요한 각 구성품의 수량을 보여준다.

44 린 시스템은 작업부하를 균일하게 하고, 재고를 줄이고자 가능한 소규모 로트로 재고를 유지한다.

45 슈메너(Schmenner)의 서비스 매트릭스는 서비스 공장, 서비스 숍, 대량 서비스, 전문 서비스 등으로 구성되어 있다.

46 생산관리의 주요 활동목표는 품질, 원가, 시간, 유연성의 4가지이다.

47 전사적 품질관리(TQM)는 조직의 모든 종업원이 품질향상을 위해 노력해야 한다는 개념이다.

48 6시그마에서는 DMAIC 개선모형을 사용하는데, DMAIC의 순서는 define → measure →analyze → improve → control을 나타낸다.

49 제약이론(theory of constraints)은 병목 작업장이 어디인지 찾아내고 거기에 생산능력을 추가하여 공정의 흐름을 개선함으로써 조직 전체의 최적화를 추구하는 이론을 말한다.

50 채찍효과(bullwhip effect)란 공급사슬의 하류에서 생긴 수요의 변동이 상류로 거슬러 올라갈수록 수요변동 폭이 증폭되는 현상을 의미한다.

가볍게! 빠르게! 확인하는 용어사전 시리즈

가볍게! 빠르게! 한눈에 보는
시사용어
사전 1228

가볍게! 빠르게! 한눈에 보는
경제용어
사전 1050

가볍게! 빠르게! 한눈에 보는
부동산용어
사전 1310

시사용어사전 | 경제용어사전 | 부동산용어사전

시사용어사전 1228
매일 접하는 각종 기사와 정보! 공기업/언론사/기업체/공무원 채용을 준비하는 수험생과
현대인이 꼭 알아야 할 최신 시사상식을 쏙쏙 뽑아 이해하기 쉽도록 영역별로 정리

경제용어사전 1050
주요 경제용어는 거의 다 실었다! 금융권/공기업/언론사/기업체/공무원 채용을 준비하기 전에,
경제 공부를 시작하기 전에 읽어보면 경제가 쉬워지도록 사전식으로 구성

부동산용어사전 1310
부동산에 대한 이해를 높이고 부동산의 개발과 활용, 투자 및 부동산 용어 학습에도
적극적으로 이용할 수 있는 교재, 공인중개사 출제용어도 수록

자격증

한번에 따기 위한 서원각 교재

한 권에 준비하기 시리즈 / 기출문제 정복하기 시리즈를 통해 자격증 준비하자!